KB152954

부모보다 나은 자녀 낳는 방법

인성교육론

새생명
탄생의 비밀

진수철 지음

국학자료원

책을 내면서

좋은 결혼이란 남남인 부부가 좋은 인연으로 만나 지극한 정성과 바른 마음가짐으로 사랑을 하고 그 결실로서 훌륭한 자녀를 낳아 잘 기를 수 있는 가정을 이루는 것이다.

부모보다 나은 자녀를 두는 방법은 없을까?

자녀를 낳아 키우는 것을 농사에 비유해 자식농사라고 한다. 씨를 뿌리고 잘 가꾸어 보살필 때만이 좋은 열매를 맺는 것이다. 부부의 정자와 난자의 유전자는 건축에 비유하자면 설계도와 같다. 설계대로 집이 만들어지듯이 정자와 난자의 유전자속 정보의 결합을 통해 한 생명이 탄생하는 것이다. 한번 배출되는 정자의 수는 약 2억이나 되지만 하나도 같은 것이 없이 각각 특성이 다르다. 이것이 유전자의 비밀이며 생명 탄생의 비밀이라 할 수 있다.

좋은 유전자의 선택은 인위적으로 가능한 것인가. 현대의 생과학은 유전자와 생명 물질의 근본을 밝히는데 성공을 했고

유전자의 우수한 형질만 발현시킬 수 있는 기술까지 개발하기
에 이르렀다. 아직 동식물에 한정되지만 머지않아 인간에게도
적용할 수 있는 단계에 이르고 여기엔 심각한 윤리적 문제가
따를 수 있다. 하지만 우리 선조들은 우수한 유전자를 가진 후
세를 얻기 위해 결혼 전부터 몸과 마음을 정결하게 하고 정성
을 다하여 태교를 시행하여 왔다. 삼국유사에 나오는 단군신화
에는 곰이 쑥과 마늘만 먹고 100일간의 어둠을 참고 기다린 끝
에 여인이 되어 환웅천왕과 혼인하여 단군을 낳는 이야기인데
이는 선진문화를 가지고 온 환웅천왕이 토착민 웅족을 개화시
켜 새로운 문명세상을 열게 한 것을 의미한다. 달리 해석하면
인간으로, 아내로 100일간 정결한 마음가짐으로 도리와 근본
을 깨닫는 과정이며 곧 100일 정성으로 단군을 낳는 '원조 태
교'라 할 수 있다. 불과 얼마 전까지도 우리 어머니들은 훌륭한
자녀를 얻기 위해 하늘에 고하고, 장독대에 정한수를 떠놓고
지극 정성으로 소원을 빌었다.

이것은 훌륭한 자녀를 얻을 수 있는 영적인 차원의 비법이며 또한 과학적이다. 유전자 속에 담겨진 놀라운 비밀들, 하나님이 태초에 창조한 메시지와 무한한 생명 정보, 생명 에너지에서 현재의 부모에 이르기까지 축적된 모든 정보가 뇌활동의 화학적 메커니즘에 의해 최적의 조화를 이루게 한다.

인류역사를 선·후천시대로 분류한다면 선천시대는 인류역사의 출발로 부터 20세기까지를 선천시대라고 할 수 있고 후천시대는 21세기 이후라 할 수 있다. 이는 보는 관점에 따라 다를 수는 있겠으나 선·후천시대를 필자의 소견으로 정의해 보고자 한다.

선천시대는 동물 본성을 가지고 투쟁으로 이어져 온 투쟁사라 할 수 있다. 공산 유물론자들은 계급투쟁사라 하는 것이고 기독교에서는 선악투쟁사라고 한다. 어쨌든 인류 역사는 투쟁사인 것만은 숨길 수 없다. 역사의 억압을 받으며 반목과 투쟁으로 점철된 역사와 물리적인 힘이나 권력 그리고 사상이라는 힘의 논리에 의해 지배해 온 역사를 선천사라 할 수 있다.

후천시대는 강자가 존경받고 약자는 보호받는 시대. 도덕적 가치가 세워지는 새로운 새시대라 할 수 있다. 후천의 새 시대가 되기 위해서는 인간이 새 인간, 새 사람이 되어야 한다.

새 시대를 맞이하기 위해서 필자는 종교와 사회단체 활동 등 수십년 동안 '행복한 가정 만들기 운동'을 하며 〈부모보다 나은 자녀 낳는 방법〉에 대해 연구를 해왔다. 그러나 몇 년 전부터 한국이 세계 최저의 출산율 국가가 되어가는 것을 보고 충격을 받아 필자가 해온 운동을 책으로 쓰기로 했다. 전세계의 석학들이 앞으로의 인류문명의 흐름이 동아시아로, 그중에서도 1만년 찬란한 역사와 전통을 지켜온 대한민국을 중심으로 펼쳐질 것이라고 예언을 하는데 정작 대한민국은 인구 소멸을 걱정하는 단계에 이르게 된것이다.

부모의 은혜도 모르고 결혼도 기피하는 요즘 젊은이들이 자신보다 뛰어난 자녀 낳는 비법을 배우고 행복한 가정을 꿈꾸게 된다면 자연히 저출산의 문제는 극복하리라고 본다. 인류가 존속하는 한 모든 부모들이 자신들보다 더 나은 자녀를 많이 낳는 성공한 부모가 되기를 바랄 것이다. 이 책은 지금까지 나온 좋은 자녀 만들기나 저출산 극복 방법에 대한 새로운 방향을 제시해 줄 것이며 무엇보다 과학적인 이론과 근거에 의한 것임을 강조하고 싶다. 또한 급속한 산업화와 물질문명으로 파괴되고 있는 인성의 순화와 계발에 초점을 두고 태교에서 출생과 보육에 이르기까지 반드시 필요한 인성교육의 원칙을 체계적으로 정리하였다.

마지막으로 행복한 가정을 꿈꾸는 예비 신혼부부들과 좋은 자녀를 낳기를 희망하는 부모들에게 이 책을 바친다.

2019년 2월 9일
지은이 진수철

목차

책을 내면서   2

제1장 행복한 가정이란

부부가 함께 만들어야 할 가정   12

행복한 가정의 6가지 조건   14

지성이면 감천이란 말이 있다   19

제2장 행복한 결혼을 위한 준비

결혼인생지대사(結婚人生之大事)   22

올바른 부모 되기 교육   24

결혼을 위한 100일 교육이 중요하다   26

좋은 부모 되는 방법   29

효는만행의 근본   31

왜 부모를 모셔야 하는가?   36

제3장 태교, 복중의 인성교육

올바른 인성은 잉태의 순간부터   47

선조들은 태교를 어떻게 했나?   49

복중에서 인성이 길러진다   54

수태에서 출생까지   57

부모보다 나은 자녀 낳기   59

좋은 씨를 옥토에 정성으로 심어야   62

좋은 자녀 골라 낳는 방법   64

최고의 DNA를 물려주자   66

견우와 직녀의 만남   69

생명과 영혼의 시작   71

만물의 영장 인간과 우주   73

유전자는 변화한다   75

태아의 성장에 생명 창조의 비밀   77

일곱 가지 인성과 좋은 자녀 만들기   81

열 달 배우고 나오면 인생 절반은 성공   83

유대민족은 왜 우수한가?   85

교육을 통해서만 인성을 완성   88

제4장 인성능력 계발啓發 육성론

인성과 능력 계발(啓發)교육의 필요성　　93

성품의 분류　　97

인성은 21세기를 이끌어가는 새로운 자원　　100

인성은 어떻게 가르칠 것인가?　　102

3대 인성 교육방법　　106

7가지 인성의 구성　　111

인성 함양을 위한 7단계 교육론　　119

인간의 마음속은 신神의 성전　　122

인성교육진흥법 제정　　129

초·중등학교 인성교육　　135

선진국의 인성교육　　141

제5장 기의 환원으로 본 인성교육

기의 환원　　149

올바른 삶　　151

잘못된 삶　　154

어떤 종교가 필요한가?　　156

삶의 지혜 159

행복의 기준과 조건 161

넓은 세계로 나가라 163

한국인의 삶과 죽음 167

행복은 선택이다 171

생사의 길 175

사람이 해야 할 도리 178

성공 가이드 이상 교육론 182

목표를 세워놓고 살자 185

현대과학의 성과로 본 사후 세계(영계) 187

제6장 한민족의 비전

21세기한반도 문명시대 192

문명의 발생과 이동으로 본 세계사 197

글을 마치면서 206

참고문헌 210

제1장
행복한 가정이란

부부가 함께
만들어야 할 가정

'나'라는 사람은 '부'와 '모'라는 두 사람이 가정이라는 이름
으로 같이 사는 공동체에서 태어났음을 말한다. 그러므로 부모
가 행복한 가정을 이루고 산다면 나도 행복한 성장기, 어린 시
절을 보낼 수 있다.

유행어가 되어버린 '금수저'를 가지고 태어나면 행복한 성장기
를 보낼 수 있고 '흑수저'를 가지고 태어나면 남보다 고생을 하게
된다. '흑수저'가 성인이 되어 가정을 이루게 되면 태어나는 자녀
에게는 '흑수저'가 아닌 '금수저'를 물고 태어나게 하고 싶을 것
이다.

누구나 성인이 되어 결혼을 하면 부모를 중심으로 한 가정에
서 독립하여 자기를 중심으로 한 가정을 갖게되는 것이다.

그런데 중요한 것은 자기 혼자 가정을 만드는 것이 아니라 부
부가 같이 만들어야 하기 때문에 상대를 인정하고 서로를 신뢰
하고 사랑으로 행복한 가정을 같이 만들어야 한다.

언급했듯이 어려서는 부모의 가정에서 태어나 부모가 만들어

준 환경에서 행복하게 살 수 있었으나 결혼 후 부부가 같이 만든 가정이기 때문에 행복한 가정은 함께 만들어가야 하기에 상대가 귀중한 것이다. 내 행복을 만들어 주고 지켜주는 것이 남편이요, 아내이기 때문에 가정이 행복하기 위해서는 상대를 행복하게 해주어야 한다.

옛날 농경사회에서는 남편과 아내가 하는 일이 구분되어 있었으나 현재는 가정을 위해 할 일을 의논해서 함께 협력해야 할 것이다. 가정에서는 중심이 본인이 아니라, 상대가 중심이란 생각을 가지고 아껴주고 사랑해 주면 자연히 자신도 행복해지는 것이다.

행복한 가정을 원한다면 먼저 자신보다 상대를 더 위해주는 마음을 가져야 하고, 다음으로 상대를 더 위해주는 말을 하고, 마지막으로 상대를 더 위해주는 행동과 실천으로 실행하는 것이 필요하다.

행복한 가정의
6가지 조건

행복이란, 바라는 소망이 이루어질 때 느끼는 만족감 또는 세워놓았던 뜻이 이루어지는 과정이나 성사되었을 때 느끼는 만족감을 행복이라고 표현하는 것이다.

세상에 행복해지고 싶지 않은 사람이 있겠는가? 사람은 누구나 행복하게 살고 싶은 것이다. 인간 생활의 기본 구성인 가정이 행복하기 위해 반드시 필요한 6가지 지켜야 할 조건이 있다.

첫째, 정신과 육체가 건강해야

WHO(세계보건기구)는 건강에 대해 '단순히 질병이 없고 허약하지 않은 상태가 아니라 육체적·정신적 및 사회적으로 건강한 상태를 의미한다.'라고 정의하고 있다. 정신적으로나 육체적으로 건강한 사람이 행복한 사람이다. 건강하지 못하면 물질적으로 정신적으로 타격을 받기 때문에 불행해지기 쉽다.

'나'만이 아니라 부부, 자녀 모두 같이 건강해야 하므로 서로 관심을 갖는 것이 중요하다. 입고 먹고 주거하는 건강한 의식주에서 육체적 건강, 정신적인 건강까지 건강을 유지하기 위한 기본적인 건강 프로그램을 만들어 실천해 보자. 부부가 정신적으로나 육체적으로 건강하게 백년해로 한다면 더할 나위가 없을 것이다.

특별히 정신건강을 위해서는 선행과 나눔을 실천하면 크게 도움이 될 것이다. 기쁨은 나누면 배가 되고 슬픔은 나누면 반으로 줄어든다는 말이 있듯이 기쁨과 슬픔을 나누는 생활을 해라.

올바른 신앙인이라면 경건한 신앙생활이 정신 건강과 육체 건강에도 큰 도움이 될 것이다.

둘째, 부부간에 순결을 지켜야

부부간에 지켜야 할 것이 많이 있겠으나 가장 중요한 것이 순결(정조)이다.

부부간의 순결한 사랑을 지키지 않는다면 부부생활을 유지할 수 없고, 순결하지 못한 가정은 곧 깨지게 될 것이다. 이는 두 사람의 문제가 아니라 자녀 역시 불행해지게 될 것이다. 통계에 의하면 이혼의 제일 큰 원인이 불륜이라고 한다.

성(사랑)은 부부간에만 허락된 신이 내린 축복이다. 자녀를 갖게 하여 대를 잇게 하고, 살아가는 환경이 어렵고 힘이 들더라도 사랑으로 위로하고 생활의 기쁨과 즐거움을 주며 곤경을 헤쳐나가는 힘과 용기를 갖게 해 준다.

이처럼 성은 생명 이상의 가치있고 하나님으로부터 만물을 다스리게 한 인간으로서의 존귀함을 지니고 있다. 행복한 가정을 원한다면 순결한 사랑을 지켜야 할 것이다. 아무리 시대가 변하여 성개방 사회가 되고 간통죄가 폐지되었다 하더라도 부부 간의 순결은 반드시 지켜야 할 것이다. 외도를 하고 들키지만 않으면 괜찮을 것이란 생각은 아예 하지도 말아야 한다. 외도를 하는 순간 부부의 사랑은 금이 가기 시작한 것이다.

셋째, 부모보다 나은 자녀

사람은 누구나 종족 번영의 소망을 가지고 있다.

자손(종족)이 번영하려면 부모보다 나은 자녀가 나와야 한다.

저자는 인류사 이래 최초로 부모보다 나은 자녀 낳는 방법을 찾아내 부부인성 교육을 통해 방법을 제시했다. 저자가 제시한 대로 실천한다면 좋은 자녀를 둘 수 있을 것이다. 모든 부모가 원하는 자녀를 두고 자녀를 통해 행복해질 것이다.

자녀 때문에 고통 당하는 사람이 적지 않다는 것은 불행이다. 자녀 때문에 고통 당하는 사람이 없는 가정을 만들어야 할 것이다. 부모보다 나은 자녀를 통해 행복을 더해 가는 가정을 만들어라. 그러면 가정과 가문은 더욱 번영할 것이다.

넷째, 경제력이다.

건강하고 자식이 있다 하더라도 경제력 없이는 행복하다고 할 수 없을 것이다. 금수저를 가지고 태어났다면 노력하지 않아도 될지 모르겠지만, 흑수저를 가지고 태어났다면 노력을 해야 할 것이다. 다수의 사람이 경제 때문에 불행해지는 것이다.

경제 때문에 불행해지는 일이 없도록 준비를 해야 할 것이다. 돈이란 누가 갖다 주는 것이 아니라 본인 노력의 대가이다. 가난이나 환경을 탓하기 전에 노력하라.

미국의 철강왕이라고 알려진 카네기는 가난한 가정에서 태어나 배고픈 어린 시절을 보냈기 때문에 가난을 벗어나 자식들에게 가난의 고통을 주지 않기 위해 피나는 노력을 통해 부자가 되었다고 한다. 자수성가한 사람들의 경험담과 성공 사례집을 많이 보라고 권해 드리고자 한다. 특히 100세 시대에 노년에 불행해지지 않으려면 노후준비를 철저하게 해 두어야 할 것이다.

어려운 시대에는 자식을 키우느라고 노후 준비는 생각도 못하고 살다 보니 노후대책이 없어 고통 당하는 노인들이 너무 많아 사회 문제가 되어가고 있다. 노후를 준비하는 지혜를 가져야 할 것이다.

다섯째, 천운이다.

행복의 조건으로 건강과 가정(부모, 자녀) 그리고 경제력이라고 했는데 이를 원하지 않는 사람이 어디 있겠는가? 그러나 원하는 것을 다 얻어 행복하게 사는 사람도 있으나, 그렇지 못한 사람이 더 많이 있다. 불행하게 사는 사람이 많다는 것이다. 그 이유를 작고한 정주영 현대그룹 회장은 '운7기3'이라고 하였다. 인간이 가진 기술이 3이라면 운이 7이라는 것이다. 사람이 열심히 살아 가다보면 하늘에서 나머지 7의 행운을 가져다 준다. 이러한 운은 하늘에서 그저 얻어지는 것이 아니라 다른 사람과의 인간관계를 잘 맺어야 하는 것이다. 좋은사람과 좋은 관계를 많이 맺어야 한다. 그래야만 험난한 삶 속에서도 성공할 수 있고 행복해 질 수 있다.

여섯째, 서로 멘토가 되어라.

개인이나 가정사에 있어서 부부가 매사 의논을 해서 결정하고 행동하면 행복한 가정을 만들 수 있다. 각자 살아온 배경과 환경이 다른 만큼 장·단점, 경험을 바탕으로 부부가 서로의 멘토가 되어 살아가면서 부딪히고 해결해야 할 어려운 문제를 쉽게 풀어갈 수 있다.

이것은 자녀한테도 마찬가지다. 아이들이 커가면서 겪게 되는 여러 가지 상황에 대해서 언제나 관심과 배려로 보살피고 타일러준다면 장차 훌륭한 인격과 지혜를 갖추게 될 것이다.

이렇게 가정이 행복해 지려면 부부는 반드시 서로간의 사랑을 지켜 주어야하고, 아프지 않도록 건강해야 하고(가족 모두), 부모보다 더 나은 자식을 두어야 하며 가정이나 사회의 생활에 불편없는 경제력을 갖추어야 한다. 행복의 조건을 모두 갖추고 행복한 가정을 이루어 온 가족이 함께 100세 시대를 행복한 삶으로 만들어 갈 수 있다.

지성이면
감천이란
말이 있다

　삶이 아무리 힘들고 고달프더라도 뜻을 세워 꾹 참아내고 최선을 다 한다면 누구나 행복해질 수 있다. 인간은 최선을 다하면 하늘을 감동시키고 천운을 받을 수 있다는 말이기 때문에 7전8기의 노력을 해야 할 것이다.

　하나의 신발명품이 나오는 데는 수십번의 시행착오와 실패를 거듭해서 나온것이 대부분이다. 쉽게 뚝딱 만들어지는 것은 세상 어디에도 없다. 행복과 불행이 늘 오게 마련인 인간의 삶도 마찬가지이다. 행복한 가정을 이루기 위해서는 예상할수 없는 어떠한 역경과 시련에도 대비하고 부딪혀 봐야 한다. 실패를 두려워해서는 안 되는 것이다. 실패는 성공의 어머니 라는 말이 있지 않은가! 명심해야 할 것이다.

제2장

행복한 결혼을 위한 준비

결혼인생지대사
(結婚人生之大事)

우리가 어떤 일을 하든지 준비를 해야 한다는 것은 상식이다. 크고 중요한 일 일수록 준비를 잘 해 놓고 일을 시작해야 한다. 시작이 반이란 말이 있듯이 시작은 중요한 것이다.

'결혼인생지대사(結婚人生之大事)'. 결혼은 일생에서 가장 큰 일이다. 성인이 되어서 부모로부터 독립하여 살아가야 할 앞으로의 생을 위한 첫 출발이기 때문이다. 어린 새는 부모 새가 물어다주는 먹이를 받아 먹다 둥지를 떠나 새로운 세계로 날아가듯 남남이 부부로 만나 망망대해에 아무도 가보지 않은 인생항로를 함께 헤쳐가는 일이다. 이렇게 만난 부부가 사랑으로 행복한 가정을 이루고 자녀를 낳아 잘 길러서 가문을 이어가고 빛내는 일이다. 본 장에서 강조하고자 하는 점은 어떤 준비를 해야 좋은 자식을 낳을 수 있을까, 좋은 자식을 낳을 수 있는 비법을 제시하고자 한다.

결혼하기 전까지 20여년은 부모의 슬하에서 보살핌을 통해 성숙해지는 기간이며 독립을 위해 준비하는 기간이다. 한 남자와 한 여자가 만나 지금까지 살아온 삶보다 더 나은 삶을 위한 결혼을 위해 해야할 준비가 얼마나 중요한지는 더 말할 나위가 없겠다. 특히 훌륭한 자식을 낳기 위한 특별한 준비가 필요하다는 점을 명심해야 할 것이다.

　남자든 여자든 결혼을 하기 위한 준비로 혼수준비를 안 하는 사람은 없을것이다. 금은보화에 멋진 아파트, 자동차…. 이렇게 정성을 드려 혼수 준비를 해가지고 결혼을 하는데 자식을 낳기 위한 준비는 이보다 훨씬 지극한 정성이 필요하다는 것은 당연하지 않겠는가. 자식을 낳기 위한 준비라고 하면 일반적으로 경제적인 준비를 떠올릴 것이다. 젊은 부부들이 경제적 부담으로 인해 출산을 꺼리는 바람에 출산율이 세계에서 가장 낮은 요즘 양육에 필요한 경제력만 준비하면 된다고 생각할지 모르겠으나 그보다 훨씬 더 중요한 것은 좋은 자식을 낳아 잘 기르는 것이다 . 좋은 자식의 기준은 외모가 출중하고 건강한 아이, 성품이 좋은 아이, 명석하고(IQ가 높고) 능력이 있는 아이일 것이다.

올바른
부모 되기 교육

좋은 부모가 되려면 어떤 준비가 필요할까? 한해 신생아 수가 40여 만 명이 채 안되는데 낙태 건수는 연간 20여 만 건에 이르고, 낳은 아이에 대해서도 영아 유기, 아동 학대가 심각한 사회 문제가 되는 등 우리 사회의 근간인 가정이 뿌리부터 흔들리고 있다. 좋은 부모가 되기 위한 준비와 교육, 인식이 부족하기 때문에 이런 위기 상황까지 벌어지고 있는 것이다. 올바른 부모 되기 위한 교육이 선행되어야 한다는 공감대가 형성되어 범 정부 차원의 부모교육 대책이 세워지고 있다.

2016년 한국여성정책연구원이 영·유아 부모 1,021명(예비부모 포함)을 조사한 결과 96% 이상이 예비부모 교육이 필요하며, 교육을 받겠다고 응답을 했다고 한다. 2017년부터 졸업을 앞둔 고교생은 가정의 가치 및 부모 되기 위한 교육을 받아야 한다. 대학생은 교양과목을 통해 예비부모 교육을 받게 된다. 교육부는 예비부모 되기 위한 교육을 확대하라고 대학에 공문을 보냈다. 국방부도 군 장병 대상으로 정신교육과 국방일보 인터넷 TV(IP TV)에 올바른 부모 되기 위한 교육을 추가한다. 임신 출산기 부모를 위해서는 산부인과와 산후조리원에서 부모교육과정을 운영하도록 지원을 한다는 것이다. 늦은감이 있지만 지금부터라도 충분하게 제대로 실시되어야 한다.

누구나 성인이 되어 결혼을 하면 자녀를 낳고 부모가 되지만 부부 되기 위한 교육, 부모 되기 위한 교육이 필요한 것이다. 결혼 전 좋은 부부, 좋은 부모 되기 위한 교육을 의무화 한다면 효과가 더 커질 것이다.

결혼을 위한
100일 교육이
중요하다

단군신화의 쑥과 마늘 먹고 100일

우리 단군 신화에 보면 배달국의 시조 환웅천왕께서 호랑이와 곰에게 쑥과 마늘을 주고 100일 동안 햇빛을 보지 않고 굴 속에서 나오지 말라고 하였으나 호랑이는 성질이 급해서 100일을 채우지 못했고, 곰은 100일을 채워서 사람이 되어 환웅천왕께서는 곰이 사람이 된 여인과 결혼을 해서 고조선을 건국한 단군을 낳았다. 이는 문자대로 호랑이와 곰이 아니라 당시 호족의 여인과 웅족의 여인이 있었는데 호족의 여인은 성질이 급해 100일간의 엄격한 신부 수업을 제대로 견뎌내지 못하였고 반면 웅족의 여인은 이를 잘 견뎌내어 왕비로 간택이 되었다고 해석할 수 있다.

단군신화 이래 우리의 삶과 문화 속에서 100일 풍습이 많이 남아 있다. 백일기도, 백일치성, 백일재, 백일잔치 등이 그것이다. 이러한 기간은 곰과 같이 살아온 과거를 청산하고 인격을 갖춘 사람이 되기 위한 준비기간이라 할 수 있다. 사람이 되기 위한 100일은 환웅의 아내가 되기 위한 기간이며 인내하면서 사람의 도리(아내의 도리)를 깨우치는 기간이다. 이런 과정을 거쳐 웅족의 여인은 그 진리를 깨닫고 환웅의 아내가 되어 단군이란 우리 민족의 위대한 건국 시조를 낳게 된 것이다.

　다른 각도에서 보면 환웅천왕이 선진 문화와 문명을 가지고 고조선 영역으로 진출하여 토착 민족인 호랑이를 토템으로 하는 호족과 곰을 토템으로 하는 웅족을 교화하고 다스리면서 웅족의 여인을 아내로 맞아들여 단군 왕검을 낳은 것으로 해석할 수도 있다. 아무튼 단군신화는 고조선 건국의 역사적 의미와 상징적 의미를 가지고 있으면서 우리에게 시사해 주는 바가 크다.

결혼 전 좋은 부모 되는 100일 교육

　새천년 시대(후천시대)에 세계의 지도자를 낳아야 하는데 곰과 호랑이 같이 살아온 선천시대 사람들이 새사람이 되지 않고서는 부모보다 나은 자녀를 낳을 수 없다.

　약육강식의 대표적 표상이라 할 수 있는 호랑이와 곰같이 약자를 수탈하면서 살아온 인류 강자에 의해 얼마나 많은 사람들이 희생을 당했는가? 현재도 강자에 의해 피눈물 흘리는 사람들이 적지 않다는 사실을 부인 할 수 없을 것이다.

　각종 범죄는 언제 나를 불행하게 만들지 우리 가정이나 사회를 파괴할지 모르는 불안한 사회에 살고 있다. 표현이 지나칠지 모르겠으나 시한 폭탄을 안고 살아가는 것과 같은 삶이다.

자식이 부모를, 부모가 자식을 잔인하게 살해하고 유기하는 사건들이 우리 사회를 불안하게 하고 있다. 보호해 주고 행복하게 해 주어야 할 가족이 아닌가? 그런데 그 가족에 의해 무참하게 살해 당하는 사건들이 우리를 불안하게 하고 있다.

본 저자는 인성문제를 연구하면서 가정문제를 연구하게 되었고 가정문제를 연구하다 보니 가정 문제와 부모보다 나은 자녀를 낳을 수 있는 방법은 없을까? 하는 문제를 놓고 고민을 하던 중 그 답을 찾게 된 것이다.

언급했듯이 성장하면서 자신만을 위해 살아왔던 과거를 반성하고 어른(부모)되기 위한 결혼을 준비하기 위한 100일이 절대 필요하고 중요하다는 점을 알아야 할 것이다.

앞서 언급했듯이 곰이 사람 되는 기간, 100일간의 부모 되기 위한 준비기간, 100일이 신랑신부의 도를(도리)하는 기간으로서 만행의 근본이 되는 효를 해야 하는 것이다.

스스로 효를 다하고 그다음 자식을 낳아야 좋은 자식을 둘 수 있는 것이지 자신들은 좋은 자식이 되지 못하면서 어떻게 좋은 자식을 둘 수 있겠는가!

자기가 좋은 자식이 되지 못하면 좋은 자식을 원하는 것이 잘못된 생각이고 잘못된 욕심이 아니겠는가(연목구어). 먼저 좋은 자식이 되라.

좋은 부모
되는 방법

　좋은 자식을 원한다면 이 책을 잠자기 전에 매일 한번씩 읽어
보라. 그리고 인성론에서 제시한 7성을 행하라. 그렇게 되면
좋은 자녀를 낳아 훌륭하게 성공시킬 수 있고 부모로서 자식을
둔 보람과 행복한 가정이 될 것이다.
　결혼 전 100일간 이런 준비가 필요하다.

　첫째, 감사한 마음을 가지고 부모님을 기쁘게 해 드려라.

　효를 행하겠다는 마음가짐을 가지고 효를 다하라.
　부모님께 용돈을 드려보지 못한 사람은 용돈을 드려라.
　자식을 둔 보람을 느끼도록 해 드려라.
　형식이나 조건만 내세우는 효가 아니라 마음에서 우러나오는
효를 행하라. 효는 만행의 근본이다.

둘째, 조상님과 애국선열들을 생각하고 감사하라.

오늘날의 우리나라는 나라를 위해 순국하신 애국지사들이 계셨기 때문에 우리는 감사한 마음을 가지고 생활해야 한다.

평생 감사해야 하겠지만 결혼 전 100일 동안 나라를 위하는 마음을 가지고 지내면 나라를 위해 큰 일 할 수 있는 자식을 낳을 수 있다. 효자 집안에서 효자 나오고, 충신 집안에서 충신 나오며 무관 집안에서 무관이 나오고, 선비 집안에서 선비 나온다는 말이 있다.

언급했듯이 조상님께 감사한 마음을 가지고 효를 다하면 조상님들과 애국지사들 중에서 좋은 분들의 형상과 성품과 인품 그리고 능력을 가진 자식을 둘 수 있다.

셋째, 측은지심을 가지고 선행과 덕을 베풀라.

지금까지 덕이나 의로운 일을 안 했다 하더라도 자식을 위해 좋은 일을 하라. 덕을 쌓으라. 좋은 인간관계를 가져라. 인간관계 형제, 친구, 이웃 등에게 서운하게 했던 점이 있으면 용서를 빌라. 반성을 하라. 많은 사람들의 축복 속에 좋은 자식을 낳을 수 있을 것이다. 모두의 축복을 받아 수태를 하면 좋은 자식을 낳을 수 있다.

신랑 신부가 같이 위의 세 가지를 명심하고 실천한 후 결혼을 한다면 자기 보다 훌륭한 자식을 낳을 수 있다. 수학에는 공식이 있고 자연에는 자연 법칙이 있듯이 훌륭한 후손을 두기 위한 법칙이 제시한 세 가지 법칙이다.

효는
만행의 근본

전통적으로 효를 숭상해온 동방예의지국

왜 효를 해야 하는가? 답을 얻기가 어려울 것이다. 예로부터 우리나라는 '동방예의지국'이라 불렸고 효를 만행의 근본이라 하여 '효를 숭상하는 나라'라고 일컬어 왔다.

부모가 돌아가시면 3년의 시묘살이를 할 정도로 부모를 공경했다. 불효하는 사람은 사람으로 여기질 않았다. 이렇듯 효를 최고의 가치로 삼고 살아온 민족인데 현재는 세계에서 불효국의 불명예를 가진 나라가 되었다니 씁쓸한 마음이 든다. 일부이기는 하겠지만 무자식이 상팔자란 말이 현실이 되어버린 사회에 살고 있다. 자식이 많아도 부모를 돌보질 않으니 차라리 없는 것만 못한 것이다. 자식이 없으면 수급자가 되어 정부에서 주는 혜택이라도 받을 수 있는데 자식이 있기 때문에 혜택을 못받고 생활고에 고통을 당하고 심지어는 자살을 하는 노인들이 적지 않다는 것이 현실이다. 자식을 둔 죄 때문에 당해야 하는 고통이고 서러움이라면 누가 자식을 낳아 기르겠는가?

오늘 젊은이들이 결혼을 기피하고 아이를 안 가지려는 그 심정 이해가 간다. 그렇다면 왜 부모를 버리는 것일까?

옛날 극심한 기근으로 식량이 부족해 굶어죽는 사람이 도처에 널렸을 때에는 부모를 지게에 지거나 엎고 깊은 산속에 움막을 짓고 몇 일 양식만 주고 버리는 '고려장'을 하던 시대가 있었다.

그런데 오늘날에도 '고려장'이 있다. 현대판 고려장은 자식들이 부모를 모시는 것이 불편하고 조금 살기 힘들다 하여 부모 몰래 이사를 가버리거나 연락을 끊고 사는 것이 비일비재한 것이 현실이다. 풍요로운 시대임에도 효 문화가 사라지고 있다.

이런 사회가 지속된다면 나라의 미래가 있겠는가?

사람이 동물과 다른 점

사람이 동물과 다른점은 무엇일까? 동물은 새끼 때에는 어미가 새끼를 알고 새끼는 어미를 알지만 다 크게 되면 어미와 새끼의 관계가 끊어지고 생존을 위한 삶, 즉 약육강식의 본능을 가지고 살아간다. 강아지를 키워본 사람들은 잘 알 것이다. 강아지는 어릴 땐 어미 개의 사랑과 아비 개의 보호를 받고 자란다. 하지만 크면 어미·아비로 생각하지 않는다. 오직 약육강식, 탐욕의 대상으로 인식한다. 아비 개를 공격하는가 하면 어미 개와 교미를 하는 것을 흔히 볼 수 있다.

인류가 개를 집에서 키우기 시작한 것은 수만년 전 선사시대로 거슬러 올라간다. 호랑이 등 자신보다 월등히 강한 맹수들 틈에서 독자적인 먹이 사냥이 힘들었던 개들이 인간이 사냥해 먹고 남은 고기를 얻어먹는 것이 생존에 유리했기 때문에 인간을 따르게 되었다는 것이 정설이다. 인간은 이런 개들을 훈련을 시켜 사냥 때마다 데리고 나가 먹잇감을 모는 몰이 역할을 주고 오랫동안 데리고 함께 살아온 것이다.

한편으로 자라는 자식들이 개의 습성을 보고 부모를 몰라보는 불효와 패륜을 저지르지 않도록 생생한 산 교훈으로 뇌리에 심어주기 위한 목적도 있을 것이다.

사람이 동물과 다른 점이 한 두가지가 아닐테지만 부모 자식 관계는 영원한 것이다. 부모는 자신이 낳은 자식에게 무조건적인 사랑을 베풀고 희생을 기꺼이 감수한다. 이것은 인간의 본능이다. 부모의 마음은 자식이 성인이 되어도 변하지 않는 것이다. 이와 마찬가지로 자식도 은혜와 사랑을 베푼 부모에 대한 고마움을 깊이 깨닫고 부모에 대한 효도를 행하는 것을 최고의 가치로 여겨온 것은 유교적 전통이 뿌리 깊은 우리 선조들의 훌륭한 덕목이었다.

이처럼 효도는 누구나 지켜야 할 당연한 인간의 도리였지만 요즘 시대는 그런 아름다운 전통이 점점 사라지고 있다. 노부모의 수난시대라 할 수 있다. 노인의 지혜와 경험이 필요한 가부장적인 농경사회에서는 대부분 대가족을 이루어 한 집에서 살아야 하니까 어쩔수 없었지만 현재는 생활환경을 따라 떨어져 살게되니 부모 자식 관계가 멀어질 수밖에 없게 되었다. 사람 사는 사회의 일원으로 인정받고 존경받는 사람이 되려면 부모를 모시는 사람의 도리를 하라. 부모는 모시지 않고 강아지나 고양이 같은 애완동물은 가족처럼 데리고 사는 시대가 되어버렸다. 아이들은 할아버지, 할머니의 사랑과 가르침을 받지 못한다. 자식을 키우느라 등골이 휘어진 수많은 노인들이 손자, 손녀의 재롱을 보지 못하고 애완동물만도 못한 대접을 받는 시대에 살고 있다. 인간세계를 살아가는 것이 아니라 금수와 다름없는 동물의 세계를 살아가는 것이다

그렇다면 해결책이 없을까?

위 문제의 해결을 위해서는 왜 효를 해야 하느냐 하는 문제가 해결되어야 할 것이다. 효라고 하는 것은 의무나 책임 이전에 인간의 도리라는 점이다.

예를 들자면 국민은 국민의 도리를 다하는 의무가 있는데 의무를 안 하면 죄인이 되고 죄인은 반드시 벌을 받기 때문에 어려워도 힘들어도 하는 것이다. 좋아서 군에 가는 사람이나 돈이 남아서 세금 내는 사람이 있겠는가. 의무를 다하는 사람에게 국민의 권리가 주어지고 국가의 보호를 받듯이 효를 다하는 사람은 조상과 하나님의 보호를 받고 운을 받을 수 있는 것이다. 효를 행하는 사람은 좋은 자녀를 둘 것이며 노후가 더 행복할 것이다. 뿐만 아니라 효를 행하는 사람에게 사회적 혜택을 준다면 그 효과는

더욱 좋아질 것이다. 이와 같이 효 문제를 개개인에게만 맡길 것이 아니라 나라(국가)에서 법적으로 제도적으로 해결해야 할 것이다. 부모를 돌보지 않으면 벌금을 내게 한다든가 사회적으로 불이익을 당하게 한다면 부모를 버릴 자식이 줄어들 것이다.

　사람은 누구나 부모가 되고 노인이 되지 않겠는가? 만행의 근본이기 때문에 성현 군자들이 한결같이 하신 말씀이 효를 강조하신 것이다.

왜 부모를
모셔야 하는가?

 부모를 모시는 것은 사람이기 때문이다. 사람이 아니고 동물이라면 부모를 모시지 않아도 된다. 그러나 사람이라면 사람의 도리인 효를 다해야 한다. 사람에게 제일 귀한 것이 생명이다. 생명 이상으로 귀한 것은 없다. 그렇다면 귀한 생명의 원천(뿌리)이 부모이기 때문에 부모를 귀하게 모셔야 한다는 것이다.

 부모에게 잘해야 한다는 것은 뿌리가 튼튼해야 나무가 건강해지는 것이다. 뿌리 없는 나무는 생명을 유지 할 수 없는 이치와 같은 것이기 때문에 부모를 편하게 모셔야 하는 것이다.

 자연계는 자연법칙에 의해 모든 생명체가 생존번식을 할 수 있듯이 인간에게는 인간의 도리가 있는데 인간이 그 도리를 할 때 비로소 사람이 되는 것이다. 효도를 하는 것은 결국 자기를 위하는 것이기 때문이다. 사람은 누구나 부모가 되고 늙기 때문이다. 부모가 지나간 길은 자식이 가야 할 길이기 때문이다.

 이 세상에 태어날 때 부모를 통해 태어나서 살다가 죽으면 사후 세계로 가는데 부모를 따라 조상계로 가게 되어 있다.

영계는 조상(부모)계이기 때문에 첫째가 효도이고, 둘째가 선행이다. 그러므로 신앙을 통해 좋은 곳 천국이나 극락에 가는 것이 아니라, 부모에게 효도하고 이웃(사회)에 좋은 일을 많이 해야 갈수있는 것임을 70세가 넘어 늦게나마 깨달은 내용을 정리해 놓았다. 4대 성인의 가르침도 부모에게 효도하고 이웃에게 덕을 베풀라고 강조하셨다. 같은 부모 DNA를 가지고 태어난 형제나 쌍둥이라 하더라도 비슷할 수는 있으나 똑같을 수는 없다는 것이다. 마찬가지로 필자는 효 문제를 다루면서 필자 자신의 경우를 예로 든다는 것이 합당할지 모르겠으나 효 교육에 참고가 되길 바라는 마음으로 경험담을 소개하고자 한다.

불효는 평생의 한

필자는 9세에 어머니를 잃고 홀 아버지 밑에서 성장을 했다. 30대 중반의 아버님께서는 재혼을 하지 않으시고 홀로 사신 분이다. 아들 하나만 바라보고 사셨다. 아들을 결혼시키고 나면 며느리와 손자를 두고 함께 살고 싶으셨을 것이다. 그런데 필자는 종교와 신앙 때문에 집을 나왔다. 결혼을 하고 집에는 가지 않고 전도지역으로 나가 있어 10여년을 고향에 가보지 못했다. 어느 해 고향에 갔는데 아버지께서 하시는 말씀이 명절 때나 추석 그리고 아버님 생신 때는 혹시 오려나 하고 막차가 지나갈 때까지 기다리시다 안 오면 눈물을 흘리시며 집으로 돌아오시곤 했다고 하시며 눈물을 훔치시던 아버지. '얼마나 서운하고 미운 생각이 들으셨을까?'를 생각하지 못하고 불효를 한 사람이다. 사람 노릇도 못한 사람이다.

그런데 필자가 30년의 목회를 마치고 이제 좀 쉬려고하니 집사람은 하늘나라로 가버리고 이젠 홀아비가 되어 견디기 어려운 시련기가 있었다.

엎친데 덮친 격이라고나 할까, 며느리의 눈치를 봐야 되는 처지에 놓이게 된 것이다. 밥도 한 상에서 안 먹을 뿐만 아니라 손자와 함께 있는 것조차 못마땅하게 생각을 하니 난처해서 있을 수 없었다. 어느 날, 시내(서울)에 나왔다가 저녁때 집에 와 문을 열려고 하니 문이 안 열리는 것이 아닌가, 불러봐도 문을 두드려도 기척이 없는 것이다. 며느리가 집에 없나 보다 하고 아들한테 전화를 해서 아들이 왔는데 문을 두드리며 문을 열라고 하니 문을 열어주는 것 아닌가. 그때만 해도 그토록 필자를 싫어하는 줄 몰랐다.

그러나 반복이 되니까 집에 들어가는 것이 두려웠다. 집에 들어가려면 밖(놀이터)에서 아들을 기다려야 했다. 이렇게 살자니 나 혼자만의 고통이겠나 하는 생각이 들었다. 며느리와 아들도 고통이 심했을 것이다. 함께 살 수가 없어 셋째 아들 집으로 가게 되었는데 3년이나 며느리는 가족이 모임 때나 명절, 추석 때에도 오질 않는 것이다. 어느 날, 도인을 만나게 되었는데 나를 아는 사람처럼 말을 걸면서 며느리 때문에 고통이 많지 않냐고 물어보면서 3년이 지나면 관계가 좋아질 것이라고 했다. 그런데 3년이 지난 어느 날, 아들한테 전화가 왔다. 찾아오겠다고 해서 오라 했더니 며느리가 함께 온 것이 아닌가. 3년 만에 며느리를 본 것이다. 눈물을 흘리면서 잘못했다고 하면서 어느 날부터 내가 보기도 싫고 음성조차 듣기가 싫고 미워지더라는 것이다.

그런데 3년이 지나서야 자기가 잘못했구나 하는 생각이 들어 찾아왔다고 용서를 비는 것이 아닌가. 나는 그때 이런 말을 했다. "어멈아 고맙구나. 너는 나로 하여금 우리 아버지를 알게 해준 스승이구나. 네가 나를 심하게 대하지 않았더라면 내가 우리 아버지에게 무엇을 잘못했는지도 모르고 살 뻔 했는데 너한테 무시당하고 구박을 받았기에 '내가 우리 아버지에게 한 불효를 그대로 받는구나'하는 생각을 하면서 반성하고 용서를 빌 수 있었단다." 하면서 두 손을 잡고 서로 눈물을 흘리면서 서운했던 감정들을 풀었다.

그릇된 신앙으로 저지른 불효

필자는 부모보다 하느님만 열심히 믿고 섬기면 된다는 잘못된 생각으로 부모형제와는 인연을 끊고 살았는데 50세가 넘어서야 잘못된 신앙을 깨닫고 불효한 지난 삶을 속죄하고자 하였다. 하지만 아버지께서 세상에 안계시니 후회만 남는다. 아버지의 마음을 서운하게 하고 불효한 것을 자식에게서 그대로 돌려받는다는 것을 경험해보니 부모에게 불효하면 반드시 죄값을 치른다는 교훈이 아니겠는가. 다행히 며느리와 화해한 이후에는 내게 얼마나 잘하는지 모두가 감사하다는 생각이 든다. 내가 만약 며느리에게 나쁜 말을 했다던가 더 심하게 했다면 자칫 영원히 원수지간이 되었을지 모를 것이다. 참고 참았더니 이렇게 좋은 날이 왔다는 것은 고마운 일 아닌가. 저자가 만약 지금까지 며느리와 불화하게 지냈더라면 이런 말을 못할 것이다. 하늘은 나로 하여금 자식의 도리를 못하고 살아온 필자를 며느리를 통해 깨닫게 해 주셨다. 하늘에 감사하고 며느리에게 감사하다는 생각이 든다. 저자의 경우를 보니 효도를 다한 사람은 효 교육을 해야 함이 당연하겠지만 필자처럼 불효한 사람이 회개를 하고 효의 도리를 뼈저리게 깨닫는 사람이 효도를 교육하면 더욱 실감이 가는 생생한 교육이 되지 않을까 하는 생각이 든다. 우리 국민이 효문화 운동을 범 국민 운동으로 펼쳐나가 도덕과 윤리의 가치관이 바로 세워진 나라가 되기를 간절히 바란다.

효(孝)라는 것을 몇 가지로 정해서 할 수 없는 일이나 품안의 자식인 것처럼 살아 생전의 효도가 진정한 의미를 지닌다. '주자10회훈(朱子十悔訓)' 중에도 '불효부모사후회(不孝父母死後悔)'가 으뜸이니, 송나라의 대유학자 주자가 꼽은 '살면서 겪는 10가지 후회' 중에서 부모님 살아 계실 때 효도하지 아니하면 돌아가신 후에 반드시 하는 후회 중 제일로 꼽았다. 저자의 며느리는 저자의 '효' 스승이나 다름없다. 우리 속담에 콩 심은데 콩 나고 팥 심은데 팥 난다는 말이 있다. 자신이 효자가 되어야 효자를 낳을 수 있다. 부모 속을 썩히면 부모님들이 무심코 하시는 말씀이 "너도 자식을 낳아 봐라! 너같은 자식을 낳으면 그때 부모 마음을 알 것이다."라는 말씀. 이것은 축복의 말씀이 아니라 뼈에 사무치게 하는 말씀이다. 이런 표현은 대대로 내려오는 경험을 통해 나온 말이다. 효를 다하는 것은 결국 자기를 위해 하는 것이라는 점을 알아야 한다. 효자를 두면 노년이 행복해지고 불효자를 두면 노년이 불행해진다. 부모에 효도하는 일이 정말 어려운 일일까? 결코 아니다. 생활 속에서 손쉽게 실천할 수 있는 몇 가지를 들어본다.

1. "사랑합니다"라는 고백을 자주 해라

부모에게 하기가 쑥스럽겠지만 사랑한다는 말처럼 정겹고 따뜻한 말도 없다. 정 쑥스럽거든 편지라도 자주 써라.

2. 늙음을 이해해야 한다.

자녀들이 부모에게 들을 수 있는 가장 뼈아픈 말씀은 "너도 늙어 봐라"임을 잊지 말아라. 어른은 한 번 되고, 아이는 두 번 된다는 이야기가 있다. 더구나 노인의 시기는 정답을 말하기보다 오답을 말하지 않기 위해 애를 쓴다.

3. 웃음을 선사해라

보약을 지어 드리기보다 웃음을 한 보따리 선물하라. 예뻐서 웃는 것이 아니라 웃기 때문에 예뻐짐을 잊지 마라. 마음이 즐거운 자는 항상 잔치를 한다. 부모님에게 웃음의 잔칫상을 차려 드려라.

4. 용돈을 꼭 챙겨 드려라

유년기에는 좋은 부모가 있어야 한다. 청년기에는 실력과 반듯한 외모가 있어야 한다. 중장년기에는 훌륭한 인격이 있어야 한다. 노년에 필요한 것은 돈이다. 반드시 부모의 통장을 만들어 드려라.

5. 부모님에게 일거리를 드려라

나이 들수록 설 자리가 필요하다. 할 일이 없다는 것처럼 비참한 일도 없다. 텃밭을 마련하게 하는 것도 좋은 일이다. 생의 의미를 발견할 수 있는 과제를 드려라. 가정 안에 부모 말고는 도무지 할 수 없는 일들이 있다. 바로 그런 일들을 찾아 드려라.

6. 이야기를 자주 해 드려라

소소하고 싱거운 이야기라도 자주 해 드려라. 그리고 하시는 말씀을 건성으로 듣지 말고 진지하게 잘 들어 주어야 한다. 노인들이 가장 간절히 원하는 것은 말 상대자이다.

7. 밝은 표정은 부모에게 가장 큰 선물이다

자신의 성격에 의해 형성되는 얼굴이야말로 그 어떤 경치보다 아름다운 것이다. 부모에게 밝은 표정으로 즐거움과 위로를 드려야 한다.

8. 작은 일도 상의하고 문안 인사를 잘 드려라

사소한 일이라도 자주 의논을 드려라. 또한 일단 집 문을 나서면 안부를 묻고, 집에 들어서면 부모를 찾으라. 정기적인 건강검진은 필수이다.

9. 부모의 인생을 잘 정리해 드려라

죽음은 인생의 피할 수 없는 통과의례다. 그러기에 또한 준비하고 죽는 죽음은 아름답다. 생애를 멋지게 정리해 드려라.

10. 가장 큰 효도는 부모님의 방식을 인정해 드리는 일이다

"부모님 인생은 부모님의 것"임을 잊어서는 안된다. 내 방식대로 효도하려고 들지 말라. 마음 편한 것이 가장 큰 효도가 된다. 나의 효도를 드러내기 위해 부모를 이용하지 말고 설사 불편하더라도 부모의 방식을 존중해 드려라.

제3장

태교, 복중의 인성교육

올바른 인성은
잉태의 순간부터

　사람의 생을 나누어 본다면 〈생의 1기〉는 어머니 모태에서 한 생명으로 잉태되어 태아의 형태와 기능이 만들어지는 10개월이라 할 수 있고, 어머니 몸 밖으로 나오는 출생의 순간부터 〈생의 2기〉가 시작된다. 갓난 아기가 되어 부모의 슬하에서 자라나 결혼하여 독립하는 기간이 〈생의 3기〉라 할 수 있다. 짝을 만나 결혼과 사랑으로 맺어진 부부의 연을 가지고 살다가 세상에 와서 얻은 모든 것을 다 두고 생을 마치는 것이 3기의 인생이다. 인간은 세상에 올 때 홀로 왔듯이 갈 때도 홀로 간다. 행복한 제3의 생을 위해 결혼을 하지만 백년해로를 못하고 중도에 이혼을 하는 경우가 적지 않은 것이 현실이다. 우리나라는 전통적으로 3대가 한 가정을 이루는 끈끈한 가족애로 뭉쳐진 대가족 중심의 가족문화를 갖고 있었으나 오늘날은 그렇지 못하다. 수치스럽게도 이혼율 세계 1위 국가라는 불명예를 가질 만큼 가족문화가 땅에 떨어지고 있다. 인생 최대의 중대사인 결혼으로 맺어지면 부부가 행복을 지키고 가꾸어가는 노력을 해야 할 것이다.

누구나 이혼과 불행한 결혼생활을 하고 싶지 않을 것이다. 결혼하기 전에는 자신과는 무관한 일이라 생각할 것이다. 불행은 방심이나 작은 실수에서 시작된다. 서로의 허물과 잘못을 감싸고 이해하며 사랑(순결)을 지키고 존경하면서 서로를 위하는 삶을 살아야 할 것이다. 내가 바라는 행복이 상대에게 있기 때문에 자기보다 상대를 더 사랑하고 아껴 주어야 하는 것이다. 이렇게 부부긴에 지고지순의 아름다운 사랑으로 차고 넘칠 때 잉태되는 새로운 생명은 틀림없이 좋은 자녀, 부모보다 더 나은 자녀로 세상에 태어날 것이다. 예로부터 우리 선조들은 태어나기 전의 부부간의 교감과 태교의 중요성을 잘 알고 있었다. 조선시대에 간행된 태교지침서인 '태교신기(胎敎新記)'를 보면 스승이 10년 가르치는 것보다 어머니가 10달 뱃속에서 태교만 못하고 어머니 태교 10달 보다 하룻밤 부부교섭 할 때의 정성만도 못하다고 했다. 부부관계를 맺을 때는 성적 욕구에 의한 동물적 관계에서가 아니라 한 생명 탄생을 위한 성스러운 의식의 하나로 생각해 왔다. 그렇기 때문에 부부지정 못지 않게 올바른 마음가짐이 중요한 것이다. 사람의 인성은 부모의 행복한 부부생활과 잉태의 순간부터 시작되고 길러진다. 훌륭한 자녀를 낳아 기를 수 있는 인성교육 첫걸음이라 할 수 있다.

선조들은 태교를
어떻게 했나?

왕실에서 시행한 태교

서양에서는 태어난 후 1년이 지나야 비로소 한 살로 간주한다. 그러나 우리나라는 뱃속에서 보낸 열 달을 중요하게 여겼기 때문에 태어나면서부터 한 살이 된다. 이처럼 선조들은 뱃속의 태아도 출생한 아이와 똑같이 보고 좋은 교육을 시키려고 노력했다는 것을 알 수 있다. 선조들의 노력은 문헌에서도 볼 수 있다.

유네스코 인류기록유산에 선정될 정도로 당대의 정치, 문화, 사회, 교육, 과학 등 각 분야의 풍부한 기록을 담고 있는 '조선왕조실록'에는 조선 왕실의 전통 태교비법이 실려있다.

성종의 어머니 인수대비가 쓴 '내훈', 세종이 영아의 보호육성에 관한 조칙 등을 구체적으로 기록한 '태산요록' 등에 잘 나타나 있다. 왕실에서는 왕비의 태교 뿐만 아니라 왕의 태교 즉 부성(아빠)태교도 중요시 여겨 왕비가 임신을 하면 왕은 후궁과 궁녀들을 멀리 하였다. 이것만이 아니다. 임신한 왕비가 행여나 놀라 태아에게 영향을 끼칠까봐 궁궐 안에서는 매를 치거나 시끄러운 소리조차 금했다고 한다. 혹여나 억울하게 죽은 이들이 왕비와 태아에 해를 끼칠 수 있을까하여 사형시키는 일도 중지시켰다고 한다.

또한 왕실의 자손이 태어나면 왕자와 공주 아기의 태반과 탯줄을 정성껏 '태항아리'에 담아 전국의 길지에 보관하고 관리하게 하였다.

조선 왕실에서 행하던 태교 음악도 전해지고 있다. 궁중악사는 주로 가야금과 거문고를 연주하게 하였다. 이 두 악기가 다른 악기보다 청아하고 아름다운 선율이 마음을 바르게 해주기 때문이다. 국립국악원에서는 매년 문화체육관광부와 서울시가 후원하여 국악태교음악회를 열어 조선시대 궁중에서 왕후의 태교를 위해 연주됐던 소리를 국립국악단 정악단 등에 의해 재현되고 있다.

신사임당의 태교와 율곡

조선시대 대학자 이율곡을 낳은 어머니 신사임당은 일곱 자녀를 두면서 태교와 자녀 양육에 많은 공을 들였다. 스스로 사임당이라 호를 지은 유래도 태교와 관련이 있다. 공자는 주나라 문왕 시절을 이상향으로 보았는데 문왕의 어머니 태임(太任)을 스승으로 본받고 싶다는 뜻에서 지었다고 한다. 태임은 문왕을 낳은 태교를 실행한 것으로 유명하였는데 기록에 의하면 태임의 성품이 '단정하고 성실하며 오직 덕을 실행하였으며, 문왕을 임신해서는 눈으로 사악한 빛을 보지 않았고, 귀로는 음란한 소리를 듣지 않았으며, 입으로는 오만한 말을 하지 않았다'고 한다. 그렇게 문왕을 낳으니 총명하고 사물의 이치에 통달하여 주나라 최고의 현군이 되었다.

율곡 이이가 저술한 '성학집요'는 제왕학의 교과서로 불리는데 여기서도 태교에 관해 언급하고 있다.

"옛날에는 부인이 아이를 임신하면 누워 자지 않고, 비스듬히 앉지 않으며, 외발로 서지 않고, 맛이 야릇한 음식을 먹지 않았다. 사특한 색깔을 보지 않고, 음란한 소리를 듣지 않게 하고, 밤이면 장님에게 시를 외우게 하고 바른 일을 말하게 하였다." 장님에게 시를 외우게 한 이유는 시를 읊조리는 소리가 정밀하기 때문이다.

조선시대 태교지침서 '태교신기(胎敎新記)'

조선시대 민간에 쓰여진 대표적인 문헌이 순조때 간행된 '태교신기'가 있다.

"이름난 의사는 병이 생기기 전에 미리 다스리고, 아이를 잘
가르치는 자는 태어나기 전부터 시작한다."
"예로부터 현명한 여인이 아기를 가짐에 반드시 태교를 실천
해 성군의 뒤에는 반드시 훌륭한 어머니가 계심을 알고 자신
의 경험을 참작해 후세에 남기고자 한다."

조선시대 대표적인 태교 지침서인 '태교신기(胎敎新記)'는 사주당 이씨(師朱堂 李氏 1739~1821)가 1800년(정조 24)에 임신부의 태교를 위하여 한문으로 글을 짓고, 그 아들인 유희(柳僖 1773~1837)가 음의와 언해를 붙여 1801년(순조 원년)에 완성한 책이다. 사주당 이씨는 전주가 본관으로 어려서부터 '소학(小學)'·'주자가례(朱子家禮)'·'여사서(女四書)' 등을 비롯한 경서를 두루 읽고 익혔으며 신사임당에 버금갈 만큼 학식과 부덕이 뛰어나, '동해모의(東海母儀)'라는 칭송을 받았다. 목천현감 유한규(柳漢奎)와 혼인하여 1남 3녀를 두었다. 자신이 겪은 임신·육아의 경험과 경서 및 의서 등에 기초하여 '태교신기'를 저술했으며 2부 10장으로 된 책의 각 장의 요지는 다음과 같다.

① 지언교자(只言敎字): 사람의 성품은 하늘을 근본으로 삼아 이루어지며 기질은 부모로부터 받아 형성된다.
② 지언태자(只言胎字): 태는 인성의 근본이기에, 수태를 위해서 반드시 마음가짐을 조심해야 한다.
③ 비론태교(備論胎敎): 태아에게도 군자의 도를 가르쳐야 한다.
④ 태교지법(胎敎之法): 태교는 임신부 뿐만 아니라 온 식구들이 함께해야 한다.
⑤ 잡론태교(雜論胎敎): 군자가 되고 소인배가 되는 것은 오로지 태교에 달려 있다.
⑥ 극언불행태교지해(極言不行胎敎之害): 태교를 잘못하면 육신이 온전치 않고, 병약할 수도 있다.
⑦ 계인지이미신구기위유익어태(戒人之以媚神拘忌爲有益

於胎): 소경이나 무당을 부르는 따위의 사술을 경계해야
한다.
⑧ 잡인이증태교지리신명제이장지의(雜引以證胎敎之里申
明第二章之意): 태교의 이치는 오이가 오이 넝쿨에 달려
있는 것과 같다. 자식은 어미에게 달려 있다.
⑨ 인고인이행지사(引古人已行之事): 중국 주나라의 태교 사
례를 간략히 소개하였다.
⑩ 추언태교지본(推言胎敎之本): 태교는 본래 자손들을
위한 것이다. 아내와 딸이 반드시 알도록 해야 한다.
또한, 임신 전의 부성 태교도 강조한다. 곧 잉태 이전 아
버지의 심신 상황이 어머니의 태중 열 달보다 더 중하다
는 것이다.

허준의 '동의보감'에도 태교에 대해 설명하고 있다.

"잉태시 부친의 청결한 마음가짐은 모친의 열 달 못지 않게
중요하다."
"부부는 날마다 서로 공경으로 대하고 예의를 잃거나 흐트러
짐이 없어야 하며…"
"몸에 병이 있거나 집안에 근신해야 할 일이 있으면 그 기간
은 부부가 합방을 금하고…"
"헛된 욕망이나 요망하고 간악한 기운이 몸에 붙지 않게 하
는 것이 자식을 위한 부친의 도리다. 고로 아기가 똑똑하지
못한 것은 부친의 탓이다."

이처럼 예부터 왕실에서나 민가에서나 복중 교육인 태교가
널리 행해졌음을 알 수 있다.

복중에서 인성이
길러진다

사람이 살아가면서 해야 할 일이 있는데 반드시 해야 할 일이 있고, 필요하기는 하지만 안 해도 되는 일이 있다. 낭연히 교육은 절대 필요하다. 교육을 통하지 않고는 지성인이나 능력자가 될 수 없고 인격자가 될 수 없다. 사람은 모태에서 10개월간 형상이 만들어져 나오는데 그 기간 동안의 복중 교육(태교)도 절대 필요하다고 말 할 수 있다. 가정교육이나 학교 교육, 종교 교육, 사회 교육 등 여러 분야의 교육이 있지만 생명이 잉태되는 순간부터 인간의 여러가지 성정 형성에 가장 먼저 영향을 미치는 복중 교육이야말로 중요성은 더 말할 나위가 없으며 절대 필요한 것이라 할 수 있다. 현대의 부모들은 선조들이 중요하게 여겼던 복중 교육을 소홀히 하고 있는 실정이다. 각박하고 바쁘게 돌아가는 현대생활에 쫓기다 보니 특별한 준비도 없이 자식을 낳아서 학교 교육만을 시켜온 것이 오늘의 현실이다. 물론 복중 교육을 철저히 하는 산모들도 있지만 이는 소수일 것이고 대부분은 결혼을 하니 임신을 하게 되고 10개월이 되니까 출산을 한 것이지 복중 교육을 제대로 한 부부는 드물 것이란 점은 부인 할 수 없을 것이다.

익히 아는 바와 같이 학문교육이나 기술교육을 통하지 않고 지식인이나 기술자가 될 수 없듯이 부모의 정성어린 복중 교육으로 형성된 인성, 지성, 덕성, 선악성, 도덕성, 신성, 영성 등은 출생 후 성장과정에서 온전한 사람(전인)이 되는데 절대적인 영향을 끼칠 수밖에 없다. 이렇게 말하면 복중에서 무슨 인성교육 심성, 지성, 덕성, 선악성, 신성, 영성 등의 교육이 이루어지느냐고 반문할 사람도 없지 않겠지만 현대과학의 발달로 뇌파검사, 태아반응검사, 유전자 반응 검사 등 여러 가지 과학적인 실험과 검증이 가능해 인과관계가 밝혀지고 있다. 이처럼 복중에서의 인성교육이 출생후의 인격형성이나 지능발달, 사회성 형성 등에 절대적인 영향을 미치고 있다.

흔한 비교로 배운 사람과 안배운 사람은 외형적으로는 큰 차이가 없다. 그러나 살아가는 방식에 큰 차이가 나고 삶의 질과 성취도, 행복지수에 큰 영향을 받는다. 통계 확률적으로도 배운 사람과 못 배운 사람은 성공 비율에서 크게 차이가 난다. 이 말은 곧 많이 배운 사람이 성공하고 행복해 질 수 있다는 뜻이다. 똑같은 이치로 복중에서 교육을 받아가지고 나온 사람하고 그냥 나온 사람하고의 차이는 비교가 되지 않을 만큼 크다는 점을 분명하게 지적하고 싶다.

그렇다면 복중에서 어떤 교육이 필요할까? 예를 들면 군에서 자대 배치를 받기 위해 훈련소에서 훈련을 받는데 무슨 교육을 받겠는가? 군 생활에 필요한 교육(전투 상황에 대비)을 받는 것과 같다. 훈련도 제대로 안 받고 자대 배치를 받은 신병이 군 생활을 제대로 적응을 할 수 없는 이치다. 이와 같이 인간으로 태어나 세상에 나와 살아가기 위해서는 한 인간으로서 필요한 교육을 받고 나와야 하지 않겠는가. 인간이 기본적으로 알아야 할 도리(인성)를 모르고 동물적 본능만을 가지고 태어나기 때문에 문제가 되는 것이다. 복중교육으로부터 시작해 가정교육, 학교 교육으로 이어져야 하는데 복중교육은 등한시하고 학교 교육에만 의존하는 것은 문제가 아닐 수 없다.

수태에서
출생까지

정자는 사람의 씨(생명)이다. 부부의 사랑의 행위를 통해 배출되는 약 2억에 이르는 정자중 하나가 난자를 만나면 임신이 되는데 수정이 되어서 3주까지는 배아라 하고 이후부터는 태아라고 하는 것이다. 이 시기 배아는 4~5mm 정도이지만 장차 심장 심막 팔다리 등의 세포가 정해진다. 6주가 되면 심장 박동이 86% 확인이 된다. 10주가 되면 22~24mm(손가락 발가락) 무게는 8mg이 된다. 임신 3개월이 중요한데 12주가 되면 60~70mm, 14mg이 되고 장기가 생긴다. 임신 10주부터 20주가 되면 주기적으로 움직인다. 32주~36주 까지 이어진다. 태동, 즉 태아의 움직임이 시간당 4회 정도이면 건강한 아기로 태어난다.

태아 환경이 어떠냐에 따라서 태어나는 아이의 IQ(지능)뿐만 아니라 EQ(감성), MQ(도덕성), PQ(인간성), SQ(사회성), CQ(창조성) 등의 성정이 형성되는데 영향을 미친다. 이렇듯 태아에게 좋은 환경을 만들어 주려면 어머니는 술, 담배, 약물 섭취를 금해야 하고 마음이 편안하고 좋은 생각만 해야 하며,

나쁜 것은 보지도 듣지도 말아야 한다. 말도 가려서 해야 하고 성현 군자들이 남기고 간 좋은 책을 많이 봐야 하며 좋은 일을 많이 해야 한다.

부부생활도 조심해야 한다. 부모의 다정함을 들려주고 보여 주어라. 태아가 28주가 되면 어머니가 듣고 보는 것을 느낀다고 한다. 어머니가 섭취하는 것으로 얻는 물질적인 영양소만 받는 것이 아니다. 마음가짐, 지성, 감성, 정서적 영양소를 받기 때문에 어머니의 태도는 매우 중요하다. 옛말에 "임신 중에 누구를 미워하면 태아가 닮는다"는 말이 있는데 이는 과학적인 사실에 근기한 말이다. 강하게 받는 정신석 자극이나 분노는 아기에게 그대로 전달이 된다. 특히 남편이나 식구들의 언행이나 감정 표현은 태아에게 영향을 준다. 임신중인 사람에게 감동을 주어라. 기쁘고 즐겁게 해 주어라. 자식을 낳아 학교 교육만 잘 시키려 하지 말고, 아이를 갖기 백일전부터 마음가짐을 정결하고 새롭게 할 것이다.

부모보다 나은
자녀 낳기

　보편적으로 부모가 바라는 자녀는 인물이 잘 생기고 건강한 아이, 두뇌가 명석하고 좋은 성품을 가진 아이, 재능을 가진 아이, 이 세 가지를 골고루 갖춘 아이일 것이다. 이런 조건을 만족할 아이를 얻는 방법이 있다면 마다할 수가 있겠는가. 남녀가 만나 결혼을 하면 자녀를 낳게 되고, 옥이야 금이야 잘 키워 온전한 사람(전인)으로 만드는 데 있어서 교육의 중요성은 두말할 필요가 없을 것이다. 앞서 소개한 '태교신기'에 나오는 내용을 다시 보자. 선생님에게 맡겨 10년을 가르치는 것보다, 어머니 복중 교육 10개월이 중요하고, 복중 10개월보다 태어나기 전 아버지, 어머니의 첫 사랑의 행위가 중요하다는 내용이다. 아버지가 낳으시고, 어머니가 기르시는 것인데 수억분의 1에 불과한 확률의 치열한 경쟁을 뚫고 한 사람의 생명이 만들어지기까지 어떤 과정을 거쳤는지, 생명이 잉태한 이후 어머니의 몸에서 세상 밖으로 나오는 10개월 태중에서 어떤 교육을 받았는지에 따라 태어나는 아이의 근본 자질이 다를 수밖에 없다.

자식을 낳아 기르는 것을 곧잘 농사에 비유를 한다. 한해 농사를 성공시키기 위해서는 땅에 거름을 주고 객토를 하여 기름지게 만들어 씨를 뿌린 후 물도 주고 잡초도 뽑아내야 싹을 잘 틔우고 벌레와 비바람에도 이겨내고 무럭무럭 자랄 수 있게 된다. 농부의 부지런한 손길과 정성이 다해야 가을 수확때 좋은 열매를 맺을 수 있다. 반면에 아무렇게나 씨앗을 한웅큼 집어서 밭에 뿌린다고 생각해보자. 뿌리를 내리기도 전에 새들이 몰려와 다 쪼아 먹어치우거나 때로 물이 너무 많이 고인다면 썩어 버린다. 용케 살아남았더라도 비바람에 쉽게 넘어져 허리가 부러진 채로 말라 죽고 말 것이다. 또 가물거나 땅이 척박하면 볼품도 없이 자라서는 수확을 해도 아무런 가치가 없어 폐기처분이 된다.

자식 농사도 이와 같다. 정성과 준비도 없이 아무런 개념 없이 단순한 성관계를 통해 임신을 해서 낳은 자식은 세상을 올바르게 살아갈 수 없다. 내키는대로 살다가 허망하게 생을 마치거나 쓸쓸한 최후를 맞기도 한다. 이처럼 대충대충 잉태해서 길러낸 자식과 정성으로 씨앗(?)을 만들고 열 달 태중 교육으로 낳아서 기르는 자식과는 비교가 되지 않을 것이다.

우리는 결혼과 부모보다 나은 자녀 낳기, 젊은 시절의 '자식 농사'에 대해 깊이 생각해 볼 필요가 있다. 일생에 하나 아니면 둘의 자녀를 두게 되는데 제일 좋은 유전자를 자식에게 주어야 하지 않겠는가. 남자가 한번 사정으로 약 2억 정도의 정자가 배출되니 부부로 가임기를 평균 20년을 잡으면 대략 3천억 ~4천억 정도의 정자를 내 보내는 셈이다. 그 중 한둘 정도만 아내의 난자와 결합이 되니 제일 우수한 좋은 씨를 남겨야 하지 않겠는가. 성을 즐기는 것은 수 십 년이라 하더라도 유전자를 남기는 것은 단 한번이라고 생각한다면 생후 20~30년 만들어 온 생명의 씨를 귀하게 간직했다가 결혼으로 선택한 아내에게 정성을 들여 사랑을 통해 전해 주어야 할 것이다. 성적 충동으로 주는 것이 아니라 사랑이라는 그릇에 담아 주어야 하는 것이다. 어떻게 하다 보니 임신이 되어 자식을 얻어서는 안 된다. 생명 창조의 의식과 정성으로 성스러운 부부관계를 통해 임신이 되어야 할 것이다.

수많은 독자들의 마음을 움직이는 뛰어난 문학 작품 속에는 작가의 열정과 혼이 들어가 있다. 사람들에게 존경을 받는 훌륭한 2세를 얻기 위해서도 그러해야 한다. 지구상에 일찍이 없었던 최고의 아이를 만들 수도 있다. 부부가 같이 지극 정성으로 몸과 마음을 닦고 사랑을 하면 만년세세 번창하는 후세를 둘 수 있을 것이다. 쾌락을 위한 사랑은 평생 할 것이지만 자식을 두기 위한 사랑은 한 두 번 기회 밖에 없다는 것을 명심하길 바란다. 시작이 반이다. 첫 삽을 어떻게 뜨느냐가 새 집의 운명을 좌우한다. 어머니가 될 신부 역시 준비 없이 받아드려서는 안 된다. 신부의 마음가짐이 신랑의 마음가짐 보다 결코 덜해서는 안된다. 농사의 비유를 들었듯이 씨가 좋아야 하지만 밭이 비옥해야 하는 것이다. 좋은 씨를 좋은 밭에 정성을 다해 심고 가꾸어야 좋은 열매가 열리듯이 자식 농사도 같은 이치로 보면 틀림없다.

좋은 씨를
옥토에 정성으로
심어야

남자나 여자는 성년이 되어서 결혼을 할 때까지 정조를 지키는 것이 좋다. 순수한 총각 처녀의 결혼 후 첫사랑이라야 그 의미가 크다. 혼전 다른 이성과 성관계를 가진 사람은 더 좋은 자녀를 둘 수 없다. 부부 모두의 정성과 마음가짐이 중요하기 때문이다. 사랑으로 생기는 정자가 수억이라도 난자가 이를 받아들이지 못하면 임신이 안된다. 농사가 잘 되려면 씨와 땅이 모두 좋아야지, 어느 한 쪽만 좋아서는 안되듯이 정자와 난자는 서로가 최고의 컨디션을 가진 때에만 좋은 자식을 낳을 수 있다. 일반적으로 숫처녀 숫총각으로 결혼을 해서 낳은 자식을 100이라고 평가했을 때 처녀 총각성을 아무데서나 잃어버린 사람이 결혼을 해서 낳은 자식은 60% 밖에 안 될 것이다. 자기보다 나은 자식, 머리 좋고, 성품 좋은 후손을 원한다면 반드시 순결을 지켜야 한다. 순결한 성은 지키면 귀한 가치가 있지만 지키지 못하면 추하고 인간의 존엄성 마저 상실하게 된다는 점을 알아야 할 것이다. 아무리 성 개방주의 사회에 살고 있다 하더라도 잘못된 서구문명의 성 개방은 배척을 해야 할 것이다. 바른 사람, 성공하고자 하는 사람, 행복해지고자 하는 사람, 훌륭한 자식을 두고 싶다는 사람은 절대로 혼전 성적 관계를 해서는 안될 것이다. 법적으로는 혼전 관계는 죄가 안 된다 하더라도 도덕적으로나 생명윤리적으로는 잘못 된 것이다. 법적인 죄보다 더 큰 죄라는 것을 명심하고 성을 지켜야 할 것을 권고해 두고자 한다.

좋은 자녀
골라 낳는 방법

이해를 돕기 위해 예를 들어 서문을 열고자 한다.

우리 생활속에서 평범한 공통진리를 하나 소개한다. 필요한 상품을 사기 위해 백화점이나 시장에 가면 다양한 상품이 있다. 수많은 다양한 상품 중 아무것이나 사는 사람이 있겠는가. 골라서 사는 것이다. 고르지 않고 사는 사람은 없다.

좋은 물건을 사는 방법은 골라서 사야 한다는 것이다. 하나밖에 없다면 고를 필요가 없다. 그러나 많은 상품 중 하나를 살때는 골라서 사야 하는 것이다. 이는 생활의 지혜이고 상식이며 진리이다.

농사를 잘 하려면 씨를 좋은 것으로 골라서 심어야 한다. 그렇다면 자식은 어떨까. 자식은 골라 낳는다는 말 들어본 적 이 있는가? 아니면 생각해 본 사람이 있는가? 자식을 골라서 낳을 수 있는 방법이 있다면 모든 부모되는 사람들은 제일 좋은 자녀를 골라서 낳을 것이다.

부부가 사랑할 때 나오는 정액속에 2억의 정자가 나오는데 그 중 하나가 자식이 되기 때문에 2억중에서 하나, 부모보다 나은 정자 하나를 골라서 자식을 낳는 방법이다.

문제는 우성을 고를 수 있는 방법이 있느냐 하는 것이다. 그 방법을 발견했다는 것은 극히 정상적이며 위대한 발견이 아닐 수 없을 것이다. 자식을 골라 낳을 수 있는 방법을 통해 부모보다 나은 자녀를 낳아 훌륭하게 키워 자녀를 둔 보람을 느끼고 행복한 부모가 되길 간절히 바란다.

최고의 DNA를
물려주자

인류는 수 백 만년 전에 출현하여 지금에 이르는 진화를 해왔다. 같은 언어와 문화와 혈통을 가진 우리 한민족의 역사는 1만년에 불과하다. 이러한 인류사를 통해 볼 때 '나'라는 한 사람은 긴 세월의 창조적 진화과정 속에서 부모를 통해 세상에 나온 생명이다. 그러므로 한사람 한사람 모두 인류의 조상들의 DNA를 가지고 있다. 부모의 DNA 뿐만 아니라 근본적으로 인간의 DNA와 모든 생명체의 근본 본능까지 다 가지고 있는 것이다.

지구상의 인류가 70억명이 넘어도 똑같은 사람이 없듯이 남자가 한 번 사정 할 때 나오는 2억 가까운 정자가 똑같은 것은 하나도 없다. 정자가 지닌 DNA 또한 수만년 이상 거슬러 올라가 선조들이 가진 가장 우수한 인자부터 그렇지 못한 것까지 고스란히 물려받고 있다. 머리가 좋은 조상, 나쁜 조상, 성품과 기질이 역시 다른 조상들(학자, 예술가, 정치가, 군왕, 무사, 점술가, 제사장, 장사꾼, 기술자, 농부, 어부 ... 성현 군자, 청백리도 있고 포악한 군주, 간신, 모리배, 탐관오리, 흉악한 범죄자 등등)이 있었을 것이다. 온갖 조상들의 DNA가 '나'라고 하는 인간의 DNA 속에 조금씩 남아있는 것이다. 그중 좋은 형질이 우세하게 발현되고, 또한 그렇게 되도록 노력하는 집안 혈통은 우수한 가계를 이어 갈것이고, 그렇지 못하고 아무렇게나 살아가는 가계는 나쁜 형질만 쉽게 대물림하는 불량한 가계가 될 것이다.

그렇다면 어떻게 가장 좋은 DNA를 2세에게 물려 줄 것인가? 남자가 한번 사랑으로 배출되는 가장 좋은 정자로 후손(자식)을 만들어야 하지 않겠는가. 신성한 마음가짐 대신 단순한 성적 욕구를 충족시키기 위해 부부관계를 가지면 우수한 정자보다는 개념이 없는 둔하고 질 나쁜 정자가 맨먼저 난자에 달려가고 그러면 십중팔구 만족할만한 자식을 낳을 수 없게 되는 것은 자연의 이치다. 숫처녀 숫총각이 첫날밤을 맞을 때처럼 두근두근 기대감과 서로를 평생 책임진다는 의무감, 인생 최대의 열정과 사랑으로 임해야 한다. 그래야 가장 우수하고 뛰어난 정자만이 수억대 1의 경쟁을 뚫고 난자와 결합할 수 있다. 인류 역사가 대대로 장자 상속의 전통을 지켜온 것은 이처럼 경험적으로 확률적으로 타당성과 우수성을 인정받고 있다. 형만한 아우가 없다는 말의 의미는 첫 번째 사랑을 통해 나오는 정자의 우수성을 뜻한다고 볼 수 있다.

난자의 임무도 정자 못지않다. 견우와 직녀가 일년에 한번 은하수 오작교에서 해후하는 날을 손꼽으며 애틋하고 간절한 마음으로 기다리는 것과 같다. 어머니의 몸에서 지극정성으로 길러진 난자는 새로운 생명 탄생의 소임을 다하기 위해 정결한 몸가짐과 단장을 하고 낭군님을 맞으러 나간다. 그러나 모든 조건과 상황이 무르익어야 하기에 첫 번에 성공할 수는 없다. 애간장이 타도록 기다리다가 번번이 피눈물을 흘리고 돌아간다. 그러다가 서로의 정기와 마음이 꼭 맞아 정기 합일(궁합)하는 최고의 날에 둘은 아름다운 해후를 펼친다. 한편의 장엄한 또 하나의 천지창조가 이뤄진다. 천상의 유희가 격렬한 빅뱅과 함께 온 우주를 요동치며 새 생명을 탄생시킨다. 백년 아니 한 오백년 해로하기로 맹세한 부부관계의 첫사랑은 그만큼 소중하고 오래오래 영원토록 기억된다. 부부지간 사랑은 인간 생명이라는 소우주를 탄생시키는 한편의 우주쇼다. 우주 차원의 결의와 다짐을 해야하지 않겠는가.

견우와 직녀의 만남

유네스코 인류무형유산으로 등재된 우리 민족의 전통민속인 단오와 칠석제는 결혼적령기의 청춘남녀의 만남을 문화적으로 표현하고 있는 좋은 예이다. 즉 음력 5월 5일 단오 때는 남자들은 씨름으로 힘과 기백을 과시하며 여자들의 마음을 사로잡으려 하고, 여자들은 창포에 머리감아 몸과 마음을 정결하게 하여 남자들을 기다린다. 여자들은 이러한 가뿐한 몸가짐으로 그네 띄기를 즐기는데 우리 가곡 '그네'(김말봉 시, 금수현 작곡)에 잘 묘사되고 있듯이 옥색치마 금박 댕기 휘날리며 창공을 박차는 모습은 너무 아름답다. 제비가 놀라 날개짓을 멈출 정도인데 춘향전에서 그네 뛰는 춘향의 모습을 광한루에서 본 한양에서 온 귀한 집 자제 이도령의 마음을 빼앗기에 충분하다. 지금 한번 유튜브에서 가곡 '그네'를 들어보라. 춘향과 몽룡의 지고지순한 사랑의 역사가 이루어지던 정경을 느낄 수 있다.

음력 7월 7일 칠석날의 견우와 직녀 이야기는 우리 민족의 수천년 내려온 전설로서 수많은 청춘남녀 선조들의 아름다운 러브스토리의 배경이 되어왔다. 하느님은 길쌈을 잘하고 부지런한 직녀를 매우 사랑하여 은하수 건너편에 사는 일 잘하는 목동(견우)과 혼인하게 했다. 그러나 직녀와 견우는 신혼의 즐거움에 빠져 매우 게을러졌고, 하느님은 크게 노하여 둘을 은하수를 가운데 두고 다시 떨어져 살게 하였다. 그리고 한 해에 한 번 칠월칠석 날에만 같이 지내도록 했다. 은하수 건너편 사이가 너무나 멀리 떨어져 있기 때문에 견우 직녀의 안타까운 사연을 보다 못한 지상의 까치들이 칠월칠석날 하늘로 올라가 머리를 이어 다리를 놓아 주었다. 그 다리를 '까치가 놓은 다리', 즉 '오작교(烏鵲橋)'라 하며, 칠석이 지나면 까막까치가 다리를 놓느라고 머리가 모두 벗겨져 돌아온다고 한다.

너무 환상적이다. 애틋하고 순결하다. 사랑은 또한 살다가 무수한 고비도 함께 극복하여 나갈 때 더욱 아름답고 완전하다. 헤어졌다가 만나고 다시 헤어지더라도 또 만난다는 열렬한 기대와 희망, 열정과 순수함이 불타올라야 수천년 수만년 이어지는 사랑의 메아리가 되지 않는가. 혼인한 부부가 최선을 다하여 각자 역할과 직분을 수행해야 함을 의미한다. 남녀가 하느님의 벌을 받고 재회를 위하여 1년간 인고의 기다림을 겪는 것은 하나의 통과의례이다. 신의 섭리이며 우주 질서이다. 요즘의 청춘남녀들이 깊이 가슴에 새기고 실천한다면 세계 1위의 저출산국가라는 불명예는 금방 벗어날 수 있다.

생명과
영혼의 시작

　생명은 어디에서부터 시작되었을까? 창조주가 창조했다는 창
조설이 있고, 물질로부터 시작했다는 자연발생설을 주장하는
이도 있다. 우리가 이런 의문을 해결하기 위해서는 우주의 기
원인 우주탄생설에 대해 먼저 알아보자.

　우주탄생설은 네가지가 있다. 우주는 언제부터인지 몰라도
처음부터 있었으며 영원할 것이라는 설과 빅뱅에 의해 우주가
탄생되었다는 빅뱅설, 최초에 핵으로부터 폭발하였는데 사방
으로 퍼진 것이 아니라 한방향으로 폭발이 방향성을 가졌다는
연속적 우주순환설이 있다. 어느 시점에서부터 시작되었는데
이를 화이트홀이라 하고 한쪽으로는 흡수를 하는데 이를 블랙
홀이라 한다. 그러므로 우주는 분출과 흡수를 하면서 연속적으
로 순환한다는 주장이다. 기독교에서는 태초에 하나님이 창조
를 했다는 창조설을 주장하고 있다. 어떤 설명이 맞을 지는 매
우 중요한 문제일 것이나 생명과 영혼의 문제를 논하기 위해
편의상 우주탄생설을 언급한다.

생명과 영혼의 근원은 무엇인가? 생명과 영혼이 창조이냐?, 물질에서 자연발생적으로 생긴 것이냐?, 현대과학적으로는 창조설을 인정하기가 어려운 것이다. 예로서 식물의 경우 씨 안에 생명이 들어있는 것이지 어디에서 와서 씨 속으로 들어가는 것이 아니며 생명체는 몸체 속에 생명이 있는 것이지 생명이 외부로부터 들어오는 것이 아니라는 점이다. 인간 역시 난세포인 정자와 난자가 만나 생명이 시작되는 것이다. 다시말해 정자와 난자는 자체가 생명이지 외부에서 생명이 들어가서 만들어지는 것이 아니다. 중요한 것은 정자와 난자가 만나 세포분열을 통해 새로운 생명이 형성되는 것이다. 사람은 60조라는 세포를 통해서 생명작용을 하는 것이다. 그러면 영혼은 생명과 어떤 관계를 갖고 있을까? 결론부터 논한다면 물질 속에 생명이 될 수 있는 요소가 있듯이 생명 속에는 영혼이 깃들여져 있으며 생명을 통해 어머니 뱃속에서 영혼이 형성되고 자라는 것이다. 영혼이 외부에서 들어오는 것이 아니라는 것이다.

만물의 영장
인간과 우주

우주란 무한대의 공간이다. 하늘과 땅 그리고 모든 존재가 존재하는 공간이다. 우리가 알아야 할 중요한 사실은 우주 안에 존재하는 모든 존재는 존재하는 목적이 있기 때문에 존재하는 것이지 필요 없는 것은 하나도 없다. 예를 들자면 풀 한 포기에서부터 거목에 이르기까지 또한 곤충(미물) 한 마리에서부터 맹수에 이르기까지 모두 존재 목적이 있기 때문에 존재하는 것이다. 사람을 기준으로 할 때 모든 존재가 가지고 있는 정보를 모르기 때문에 필요하다. 필요없다. 하지만 모든 존재가 다 필요한데 그 정보를 연구하는 것이 과학이기 때문에 과학에 의해 모든 존재가 자원으로 활용하고 있는 것이다. 독초가 있다 하더라도 그냥 먹으면 죽을 수 있겠으나 조제해 내면 약이 되는 것이다. 그러므로 언급했듯이 우주 안에 존재하는 모든 존재는 다 필요하기 때문에 존재하는 것이다.

인간은 소우주이면서 만물의 영장이다. 구조와 기능이 우주와 같기 때문에 소우주라고 한다. 위에서 언급했듯이 우주는 무한대의 공간이고 그 공간 안에 모든 존재가 존재하듯이 인간의 육신은 볼 수도, 만질 수도, 확인 가능하지만 우리의 마음은 무한한 존재이다. 마음은 측정이 불가능하지만 존재하는 것이고, 우주가 무한대의 공간이듯이 인간 마음도 무한한 것이다. 그런데 중요한 것은 무한대의 마음이란 공간 안에 기능을 달리하는 요소들이 다 들어 있다고 하는 것이다. 예컨대 선한 마음만 들어 있는 것도 아니고 악한 마음 나쁜 마음도 있는 것이다. 맹자는 성선설을 주장했고, 순자는 성악설을 주장했고, 예수는 사탄 때문에 죄를 짓게 되는 것이라고 했고, 석가는 인연 때문에 죄를 짓게 되는 것이라고 했다.

과연 인간은 인연 때문에 죄를 짓는가. 아니면 사탄 때문인가. 본래 인산의 성품 속에는 선한 사람이 될 수 있는 성품과 죄를 지을 수 있는 성품이 마음이란 그릇 안에 같이 들어 있는 것이다. 중요한 것은 좋은 사람(인격자)이 될 수 있는 성품을 개발해서 키워 나가는 인성교육이 필요하다는 것이다. 선하고 악한 마음을 어떻게 쓰느냐에 따라 달라질 수 있는 것이다. 마음은 의욕을 상승시킬 수도 있는 것이기 때문에 마음을 쓰는 방법, 인성 교육이 중요한 것이다. 욕심이 죄라고 하는데 욕심이 없다면 인류는 망했을 것이다. 오래 살고 종족을 번영시키고 싶은 욕심이 있기 때문에 오늘의 문명사회를 만든 것이다. 욕심 자체가 필요없는 것이냐, 필요한 것이냐를 따지기보다 욕심이 필요한데 어떻게 활용을 하느냐가 중요한 것이다. 욕심(욕망) 자체가 죄가 아니라 잘못 활용을 하기 때문에 죄가 된다. 욕심을 정당하고 좋은 방향으로 활용하도록 하는 영재 교육을 하기 위해서는 인성교육과 인성개발이 반드시 필요하다.

유전자는
변화한다

　생명은 어떻게 변화하는가? 지구의 탄생을 시작해 수십억년의 역사를 가진 지구는 많은 변화 과정을 통해 생명체가 생겨났다. 바이러스, 아메바 같은 하급 생명체에서부터 시작해 인간에 이르기까지 한 순간에 오늘의 인간이 생겨난 것이 아니라 오랜 진화 과정을 통해 인간이 나오게 된 것이다. 그러므로 모든 인간은 생명체가 가지고 있는 요소를 다 가지고 있을 뿐만 아니라 조상으로부터 받은 유전 인자도 갖고 있다.

　유전 인자도 변화한다. 유전 인자는 100% 그대로 유전되는 것이 아니다. 예를 들자면 식물의 경우 같은 품종이라 하더라도 먹이와 기후, 그리고 어떻게 사육하느냐에 따라 달라진다. 사람은 어떤가? 사람 역시 부모의 유전자를 받았다 하더라도 부모와 다른 객체인 것이다. 부모의 사랑을 통해 세상에 나왔기 때문에 부모가 사랑할 때 마음가짐, 건강 그리고 환경에 따라 다른 자녀가 나온다. 2억의 정자 가운데 똑같은 것은 하나도 없다는 사실이다. 좋은 정자와 난자가 만나게 하기 위해서

 제3장 태교, 복중의 인성교육　75

는 준비가 필요하다. 어떤 준비를 어떻게 하느냐에 따라 태어나는 생명이 달라진다. 식물이나 동물이 환경에 따라 품종이 변하듯이 인간 역시 영향을 받아 변화를 하게 된다.

 사람의 변화는 어떻게 이루어지나? 사람 역시 같은 부모의 유전자를 받았다 하더라도 형제, 자매간에 모두 다르다. 부모의 사랑을 통해 세상에 나왔기 때문에 부모가 사랑할 때 마음가짐, 건강, 환경에 따라 제각기 다른 자녀가 나올 수 밖에 없다. 마음가짐에 따라 행동, 생활습관이 바뀌고 생활습관이 바뀌면 세포와 체질이 바뀌고 세포와 체질이 바뀌면 팔자도 바뀌고 따라서 유전자도 바뀐다. 인간의 자라는 과정에서 겪는 변화, 경험, 기억, 행동도 유전자에 그 정보가 담긴다. 그러므로 좋은 생각과 좋은 추억, 좋은 습관, 효와 선행을 하면 좋은 유전자로 변화하고 2세에게 유전이 되어 좋은 자녀를 낳을 수 있다. 자식을 낳은 후 잘못 낳았다고 후회하지 말고 잘 낳을 수 있도록 준비하는 부모가 되어야 한다. 좋은 씨를 좋은 밭에 심어야 좋은 싹이 나오듯이 사람도 좋은 부모가 되었을 때 좋은 자식이 나온다. 그래야 부모보다 나은 자식을 낳을 수 있다. 자기보다 나은 자녀를 낳는 것은 곧 하나님의 명령이자 조상의 소원이며, 자연의 순리고 법칙이며 진리임을 알아야 할 것이다.

태아의 성장에
생명 창조의 비밀

부부의 정자와 난자가 수정이 되고 수정란이 세포분열을 마치면 급격한 자기증식을 통해 하나의 생명체로 변해가는 과정을 밟아간다. 초기에는 아주 희미하게 모습을 드러나는데 외형이 아니라 신경섬유망(뉴런)이다. 이 단계의 태아는 마치 단세포적인 강장동물과 흡사하다. 이 단계에서는 강장동물 단계의 정보가 취득된다. 그리고 편형동물, 연체동물, 환형동물, 절지동물, 원색동물, 척추동물 단계 등 수십억년의 진화 과정을 거쳐온 흔적을 보여준다. 생명체는 오랜 진화과정을 통해 변화해왔듯이 우리 인간은 정자와 난자가 수정이 되면서 자라는 10개월 동안 어머니 뱃속에서 빠르게 생명체의 진화과정을 그대로 반복한다고 볼 수 있다. 생명체는 개별성과 전체성을 갖고 있다. 물질의 원소 미립자는 에너지와 정보로 구성이 되듯이 우주는 정보와 에너지의 결합체인데 이차크 벤토프는 우주심 이라고 했고, 불교에서는 불법(佛法)이라 하고 기독교는 창조주 하나님(신)이라고 한다. 이러한 정보의 통합성은 인체에서 찾아 볼 수 있다. 인체는 약 60조의 세포로 구성되어 있는데 하나 하나는 독립적인 핵과 염기와 단백질로 구성된 생명체다. 세포 는 동일한 유전자 DNA를 보유하고 있다. 이러한 과정을 거쳐 탄생되는 모든 생명체는 3가지 주된 본능을 가지고 있다.

첫째, 생존본능이다.

모든 생명체는 미물에서 인간까지 차이는 있을지라도 생명체 가 가지고 있는 생존본능은 같다고 보아야 한다. 생존본능에 의해 자신의 몸(체)을 보호하려고 하는 것이다. 특히 인간은 생 존본능에 의해 자기를 보호하고 지키려 하는 것이고 생존본능 에 의해 자신을 강하고 완전하게 만들려고 하는 것이다. 왜 생 명체는 생존본능이 있을까? 생존본능이 없다면 생명자체가 생 존 할 수도 완성될 수 없다. 생존본능이 있기 때문에 생명이 길 어지고 보존되는 것이다. 그러나 생명 그 자체가 그대로 영생 하는 것은 아니다. 자연계의 이치를 보면 순환 원리에 의해 변 화해 가듯이 생명체도 변화를 통해 영생하는 것이지 생명 그 자체가 변하지 않고 영생하는 것은 아니다. 그러나 생명체가 생존본능을 가지고 있는 것은 중요하다.

둘째, 종족보존의 본능을 가지고 있다.

종족보존의 본능에 의해 종족이 보존되는 것인데 중요한 것 은 종족보존을 위한 성적본능이다. 성적본능을 통해 나타나는

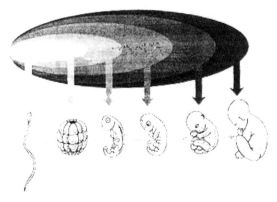

현상이 음양의 조화이고 음양의 조화에 의해 나타난 결과(새끼)에 대한 애착(보호심)이다. 새끼에 대한 애착은 동물이든 사람이든 자식에 애착이 있는 것이다. 동물도 새끼를 보호하려는 모성 본능은 인간보다 덜하지 않다. 이러한 본능이 있기 때문에 생명체는 영원한 것이다. 그러나 생명체가 변화 없이 영원한 것은 아니다. 변화하면서 영생하는 것이다. 이러한 자연의 이치를 모르고 인간의 육신이 영생하는 것으로 착각을 하고 영생론을 주장하는 종교인들이 있는 것이다. 영생의 유혹에 주의를 해야 할 것이다.

셋째, 보다 좋은 환경에서 잘 살고자 하는 본능을 가지고 있다.

자연계의 생명체의 생존 법칙이 환경변화에 따라 달라졌으며 인간만은 많은 환경을 변화시키면서 발전해 왔다. 보다 잘 살고자 하는 본능에 의해 발전해 오늘의 문화문명을 만들어 놓은 것이다. 그런데 중요한 것은 잘 살고자 하는 욕망을 갖게 하는 것이 소유욕이다. 소유욕이 있기 때문에 발전해 가는 것이다. 사람은 소유욕을 가지고 있기 때문에 발전해 가는 것인데 억제하고 통제하려는 공산주의는 망할 수밖에 없는 것이다. 정치나 종교 모두 사유(소유)를 존중해 주고 지켜줄 때 발전해 갈 것이다. 이와 같이 생명체 특히인간의 3대 욕망(본능)은 인류역사 발전에 원동력이다. 인간의 육체는 혈관과 신경 그리고 기 라는 3가지가 필요하듯이 인간이 가지고 있는 욕망 중에 생존본능, 종족보존의 본능, 보다 잘 살고자 하는 소유 본능의 3가지는 필수적이다. 이러한 3대 본능 욕구 충족을 이루어가면서 사는 삶이 행복한 삶이고 인류기 추구해 가는 세세이다.

일곱 가지 인성과
좋은 자녀 만들기

　자녀의 지능지수(IQ)가 높다고 모두 성공하는 것은 아니다. 지능외에도 감성이 풍부한 사람이 되어야 한다. EQ(감성지수)가 높은 자녀는 현실 적응을 잘하고 인내심이 강하다. 서울대학교 문용린 교수의 연구에 의하면 감성은 어릴 적에 대부분 형성되는데 성장 후에도 잘 변하지 않는다고 한다. 어릴 때부터 EQ를 높이는 교육이 필요하다. EQ는 모태인 어머니의 정서와 밀접한 관계가 있다. 아이의 EQ를 높이기 위해서는 어머니가 정서적으로 안정되고 편안한 상태, 맑고 바른 마음가짐을 가질 때 가능하다. 인간에게는 또한 심력, 체력, 지력, 자기관리능력, 인간관계의 5가지 요소를 갖춘 다이아몬드 지수, 즉 DQ 지수가 높을수록 우수한 아이가 될 수 있다.

　인간의 마음에는 7가지 인성이 있다. 우주는 무한대의 공간이듯이 사람의 마음도 무한대의 공간으로 마음이란 공간 안에 심성, 지성, 덕성, 선악성, 신성, 영성, 감성이란 일곱 가지 인성(7성)이 들어 있다. 각기 인성 마다 사람의 성정을 좌우하며 사람이 살아가는데 있어서 서로 유기적으로 작용하여 사람마다 독특한 품성을 드러내는 요소가 된다. 이러한 7가지 인성 지수가 높은 자녀를 두려면 임신 후 부모가 함께 7성 지수를 높이기 위한 복중 교육(태교)이 필요하다.

1) 심성교육: 어머니(아버지)가 양심에 가책이 되는 일을 해서는 안 된다.
2) 지성교육: 많은 독서로 지적 능력을 배양해야 한다.
3) 덕성교육: 측은지심을 가지고 덕을 쌓고 좋은 일을 많이 해야 한다.
4) 선아성: 선행을 하고 욕심이나 나쁜 마음을 절제해야 한다.
5) 영성: 신앙인이 아니라 하더라도 기도나 명상 시간을 갖는 것이 중요하다
6) 신성: 소우주 창조의 주체라는 의식으로 신성 성결한 생활을 해야 한다.
7) 감성교육: 나쁜 생각을 하지 말고 좋은 생각을 하면서 태아와 대화를 하라. 어머니의 느낌이나 말을 다 알아 듣는다.

열 달 배우고 나오면
인생 절반은 성공

아이가 성공한 인생을 살려면 위의 7가지 인성 교육을 통하여 10개월간 자궁 안에서 배워 가지고 세상으로 나오게 하면 된다. 성공한 인생이 될 확률은 절반 이상이다. 인간으로 살아가는데 기본인 7성 지수가 높은 사람, 훌륭한 성품을 갖게 해준다. 태아에게 좋은 영양소를 공급하고 좋은 교감을 나눠야 건강한 육체와 정신, 성품을 가질 수 있다. 이러한 자녀를 원한다면 어머니는 잘 준비된 식생활과 더불어 7가지 인성 태교를 행하면 필시 태아에게 좋은 영향을 미치게 된다. 예를 들자면 덕성교육으로 측은지심을 가지고 좋은 일을 하면 그 느낌이 그대로 태아에게 전달되어 어려운 이를 보면 도우려는 마음이 싹트는 등 덕을 쌓을 수 있다.

세상에 태어나서 보고 듣는 것도 중요하다. 하지만 세상에 나오기 전 어머니와 혼연일체가 되어 복중 교육을 받는 것과는 세상 어떤 것과도 비교할 수 없다. 속된 비교를 하자면 상품을 만들 때 좋은 재료를 가지고 잘 만들어야 좋은 상품이 나오는데 재료를 잘못 쓰고 또 잘못 만들어서는 후회해도 소용없다. 부수어 쓰레기통에 버리든지 아니면 고장난채로 쓰던지 해야 하지 않는가! 애써서 고쳐 쓴다 해도 툭하면 고장이 나기 쉽다. 그러기에 만들 때 제대로 만들어야 상품으로서 가치가 있는 법이다.

소중한 우리 아이들, 어머니 뱃 속에서 공들여 잘 만들어야 태어나서도 잘 자라 좋은 자식이 된다. 10개월 교육도 제대로 안하고 때가 되어 그냥 낳아서 학교 교육으로 다 해결하려고 하는 것은 욕심이다. 시작이 반, 절반은 성공이라는 말이 있지 않은가! 자녀가 전인(인격자)이 되기를 바란다면 출산전 10개월 간의 복중 교육이 그만큼 중요하다는 점을 다시 한 번 강조한다.

유대민족은
왜 우수한가?

2007년 스위스 취리히 대학의 토마스 폴겐 박사 연구 논문에 의하면 국민평균 IQ 중 세계 2위가 한국(106), 3위 북한(105), 4위 일본(104), 5위 독일, 이탈리아, 네덜란드(102), 영국, 벨기에, 중국(100), 미국(98), 이스라엘(유대민족)의 평균 IQ는 94이다.

우리가 주목해야 할 민족은 유대민족이다. 일반적으로 IQ가 높다고 알려져 있으나 실제 조사한 결과는 위와 같다. 그러나 인구 1300만 세계 인구의 0.2%에 지나지 않지만 노벨 수상자의 23%를 차지했다. 그렇다면 그 이유는 무엇일까를 연구해 보아야 할 문제가 아니겠는가? 나라도 없이 2천년을 여러 나라에 흩어져 살아온 민족, 우리나라를 생각해 볼 필요가 있다. 우리나라는 일본에 나라를 빼앗기고 36년간 지배를 받아왔다. 물론 희생자가 많이 생겼지만 이스라엘 민족의 수난에는 비교가 되지 않는다. 2천년 전 로마에 의해 나라가 멸망하고 세계 각지에 흩어져 살다가 2차 세계대전 때는 나치 독일에 의해서

600만명이 희생을 당했다. 이스라엘은 1948년에야 비로소 옛 터전에 나라를 세웠다. 아랍 여러 나라에 둘러쌓여 견제와 도전을 받으면서도 선진국 수준으로 나라를 발전시켰다. 유명한 중동 6일 전쟁에 압도적인 전력으로 승리하여 세계를 놀라게 하였으며, 특히 미국의 유대인들은 정치, 경제, 교육, 과학 등 전 분야에 막강한 영향력을 행사하고 있다.

이스라엘(유대민족)의 우수성은 어디서 오나. 국민평균 IQ는 세계인의 평균 IQ보다는 약간 높은 정도이지만 세계를 놀라게 하고 있다. 그 힘이 어디에서 나오는 것일까?

첫째, '하나님의 선택 받은 나라'라는 자부심과 긍지를 꼽을 수 있다.

성경에 나오는 다윗과 골리앗의 비유를 든다면 골리앗 앞에 선 다윗은 상대가 안 되는 것이다. 장수들도 겁이나 못 나서는데 어린 소년 다윗이 당당히 나서서 하나님의 이름으로 믿음으로 골리앗을 물리쳤던 내용이라든가 이집트를 탈출할 때 보여준 모세의 기적 등을 통해 생겨난 선민의식이 오늘의 이스라엘을 만들었다. 그렇다면 선민의식을 높이 평가하지 않을 수 없다.

둘째, 전통 교육 탈무드가 오늘의 이스라엘을 만들었다.

정체성을 중요하게 여기는 유대인들의 뿌리 교육은 탈무드와 토라로 대표된다. 모세에 의해 쓰인 유대교의 성서인 토라는 신앙적인 결속을 다지고 이를 해석한 탈무드는 정치, 사회, 문화 전반을 가르치는 규범으로 가장이 직접 질의와 토론 방식의 가정교육으로 자녀들을 가르친다. 유대인들은 12~13세에 성인식을 갖게 하여 책임감과 자부심을 키워주며 철저한 탈무드 교육을 통해 세상을 헤쳐가는 지혜와 공동체 의식(국가관, 교육관)을 갖게 하여 강한 민족성과 미래를 개척해가는 힘을 키워왔다.

셋째, 이스라엘이 우리에게 주는 교훈은 무엇인가?

언급했듯이 우리나라 국민의 IQ는 가장 우수하다. 환단고기에 의하면 우리나라는 이스라엘보다도 오랜 1만년의 역사를 가진 민족이고 남북 5만리 동서 2만리의 영토를 가지고 동아시아를 통치했던 나라이다. 우리 한민족은 선민보다 차원 높은 천손민족이고 장손민족이다. 이스라엘 민족이 선민이라는 자부심을 갖고, 오늘의 그 나라를 만들었다면 우리나라는 천손·장손 민족임을 역사를 통해 학생들에게 교육을 한다면 우리의 미래는 밝다고 하지 않을 수 없을 것이다. 교육이 잘못되어서 우리의 청소년들이 제대로 성장 발전해 가지 못하고 있는 것이다. 세계 제1의 IQ 국민이라는 긍지와 자부심을 가질 수 있는 역사 그리고 성현군자들이 만들려고 했던 이상 인간(전인)을 만들 수 있는 교육이념을 바탕으로 한 인성교육을 해 나간다면 우리 민족은 세계 1위 지혜와 정보 그리고 능력을 가진 민족국가를 건설 할 수 있을 것이다.

교육을 통해서만
인성을 완성

    교육의 중요성에 관해서는 열 번 백 번 강조해도 지나침이 없을 것이다. 사람은 교육을 통해 가치를 가진 사람이 되기 때문이다. 그렇다면 어떤 교육이 필요하겠는가? 학문교육과 기술교육, 인성교육이라는 3대 교육을 통해 보편적 가치를 가진 사람이 되는 것이다. 3대 교육 중 인성교육에 관해 논해 보고자한다. 학문이나 기술교육은 학교나 일반 교육기관에서 하고 있다. 우리 사회를 보면 박사와 기술자는 많다. 이런면에서 본다면 박사와 기술자를 만드는 교육에는 성공했다고 봐도 지나친표현은 아닐 것이다. 그런데 교육의 핵심이라 할 수 있는 인성교육은 성공했다는 평가를 하기가 어려울 것이다. 고학력자라고 인성을 갖춘 사람이 되는 것도 아니고 종교지도자(종교인)라고 인성을 갖춘 지도자로 존경을 받는 것도 아니다. 인성에중점을 두고 교육을 하는 것이 종교인데 종교가 가지고 있는경전만 가지고 하는 교육을 통해서는 교인과 교세는 만들어 내지만 상식이 통하는 보편적 가치와 공통된 인성을 가진 사람을 못 만들어 낸다는 게 문제가 아니겠는가!

　필자는 다음 장에서 올바른 인성교육에 관한 문제를 심도있게 논하고자 한다. 3살 버릇이 80까지 간다는 말이 있듯이 인성교육은 어려서부터 해야 하는데 우리 사회의 현실이 어려서 (가정)부터 할 수 없는 시대에 살고 있다. 가정교육을 통해 인성교육의 기초교육이 되어야 하는데 급속한 경제성장에 따른 물질 중심의 가치관의 변화로 그 기능을 상실하고 있는 것이다. 가정에서부터 사랑과 정직, 믿음, 양보, 감사하는 마음 등을 배우고 유치원이나 초등학교에 입학을 하여 공동체의 일원으로서 기본적인 소양과 더불어 학문교육과 인성교육을 해야 한다. 우리나라 학교 교육은 학문(정보)교육만 해왔지 체계적인 인성교육을 하지 못했다. 인성교육을 안 한 결과가 학교나 사회에서 각종 범죄로 나타나고 있다. 각종 범죄를 법만 가지고는 해결할 수가 없다. 법보다 중요한 것이 인성교육이라고 해도 잘못된 표현은 아닐 것이다. 이에 본서를 통해 인성교육에 기초가 되는 유치원, 초등학교에서부터 중·고교, 대학생, 예비부부, 군경, 재소자, 회사원, 공무원 등에도 필요한 인성교육안을 제시하고자 한다.

제4장

인성능력 계발啓發 육성론

인성과
능력 계발(啓發)교육의
필요성

　사람은 누구나 선천적으로 타고난 인성과 능력이 있다. 측정
이 불가능한 인성과 능력이 무한하다고 표현을 한다 하더라도
과한 표현은 아닐 것이다. 20세기의 과학문명은 인간이 가지고
있는 두뇌의 10% 정도의 활용 결과라고 한다. 그렇다면 잠재능
력 90%를 개발해 낸다면 현재보다 수 십 배 좋은 문명을 만들어
낼 것이다. 현재까지 출현한 과학자들보다 훌륭한 과학자들이
많이 나올 것이란 점을 의심할 사람은 아무도 없을 것이다.

　그렇다면 종교나 철학은 어떨까. 수천년 전에 왔다 간 성현들
이 남기고 간 말씀 진리를 가지고 만든 것이 오늘의 종교이다.
그렇다면 그분들이 깨달은 것만 진리이고 그 이상의 진리는 안
나오는 것일까? 자신의 종교를 신봉하는 사람들에게는 결례가
될지 모르겠으나 필자는 분명히 밝히고자 한다. 과거에 왔다간
성현이나 철인들보다 훌륭한 사람들이 많이 나올 것이다. 뿐만

아니라 현재 나와 있는 진리보다 더 나은 새 진리가 나와야 하지 않겠는가. 현재의 종교에서 말하는 진리 가지고는 인성교육도 인류평화도 만들어 갈 수 없다는 것이 확인된 것이다.

예컨대 어느 종교가 다른 타 종교와 통일을 했으며, 어느 종교가 어느 사회에 이상촌이나 이상사회(국가)를 만들어 놓았는가. 같은 지도자 경전을 가지고도 하나가 안되고 갈라지는데 각기 다른 성인이나 경전을 믿고 따르는 종교가 하나가 되겠는가. 그렇다면 현재 나와 있는 진리보다 차원 높은 새 진리가 나와야 하지 않겠는가!

인종이 다르고 시대가 다르다 하더라도 인류가 추구하는 것은 동일하기 때문에 그 추구하는 공동 목적을 이루어 나갈 수 있는 진리라면 하나가 되지 않겠는가. 필자는 본서에서 사람이 선천적으로 타고난 성품(마음)과 능력계발 육성법과 공익성 국가관 교육 그리고 인류애 평화관 교육론을 다루어보고자 한다.

인성과 능력 계발 교육의 필요성

사람이 살아가는데 필요한 것이 자원이다. 자원은 지상, 지하자원, 해상 해저자원 그리고 공중(우주)자원이 있는데 이 자원을 개발해서 오늘의 문명을 만들었고, 인류는 자원을 개발해 가듯이 사람도 다양하고도 무한한 능력을 가지고 있는데 이를 개발하고 육성시켜야 보다 좋은 사회를 만들어 갈 수 있기 때문에 인성능력 계발과 육성교육이 필요하다.

공익성 국가관 교육의 필요성

사람은 부모라는 공동체를 통해 나왔고 가정·사회·국가라는 공동체 속에서 살다 사후세계라는 공동체 속으로 가는 것이기 때문에 공익성, 국가관 교육이 필요하다. 뿐만 아니라 사후세계라는 또 다른 영적 공동체 사회가 있기 때문에 사후공동체제에서 살기 위한 교육이 절대 필요하다.

인류애 평화관 교육의 필요성

21세기를 세계화 시대라고 한다. 우리는 세계가 1일 문화권 시대를 눈앞에 두고 있다. 그렇다면 우리는 어떤 자세를 가지고 살아야 할 것인가를 생각지 않을 수 없다. 인류 한가족 1일 문화권 시대를 살아가려면 인류애를 가져야 하고 인류가 행복하게 살기 위해서는 평화관 교육이 필요하다. 그렇다면 어떻게 민족의 편견 없이 인류애를 가질 있으며 평화관을 가질 수 있을까 라는 문제를 생각지 않을 수 없을 것이다. 인류애와 평화관을 갖기 위해서는 민족과 국가 그리고 종교를 초월한 절대 가치관 교육이 필요하다.

인성 형성의 3요소

인성이란 인간이 가지고 있는 성품을 말하는 것이다. 완성된 인성의 기준을 100이라 봤을 때 선천적으로 (부모의 DNA) 타고난 성품은 50%라고 본다면 성장한 환경이 20%, 교육이 30% 정도로 보면 무리가 없을 것이다.

 다시 한 번 정리하자면 선천적으로 타고난 성품(인성)이 완전한 자기성품이 아니다. 성장한 환경에 의해 성품이 바뀔 수도 있고 어떤 교육을 받고 생활을 했느냐에 따라 변할 수도 있기 때문에 인성이 형성되어 인격을 갖춘 사람이 되는데는 선천성 환경교육이 필요하다. 그러므로 인성교육은 인격자를 만드는 교육이라 할 수 있다. 성품은 사람의 형성이 생김새가 다르듯이 성품도 사람마다 다르다. 사람마다 가지고 있는 성품을 절대적 기준을 두고 논하기는 어렵겠으나 '어떻게 좋은 성품을 개발해서 육성시키는 교육을 할 것이냐?'라는 문제는 중요한 내용이 아닐 수 없다. 예를 들자면 땅 속에는 각종 자원이 있는데 어떻게 필요한 자원을 찾아내 자원으로 만들고 활용을 하느냐? 하는 것은 기술이다. 기술이 없다면 아무리 좋은 자원이 많이 있다 하더라도 아무 의미가 없는 것과 같이 사람이 가지고 있는 인성을 찾아내서 육성을 시켜나가는 인성교육이 되어야 하는데 인성교육을 제대로 못한다면 인간이 만들어 놓은 물질문명은 인류에 재앙이 되고 사상누각에 불과하다. 인격자를 만들고 각종 범죄와 사회 악을 줄여나갈 수 있는 유일한 방법이 인성교육이라 할 수 있다.

성품의 분류

예를 들자면 우리의 몸은 4지 백체가 있고 얼굴 하면 얼굴에 이목구비가 있고 그 모양과 기능이 다르듯이 마음(성품)도 다양하고 여러 가지 기능을 가지고 있다. 마음(心)안에 있는 7가지 성품(性品) 본성이 있다. 하늘에 7성이 있듯이 인간 본성 가운데 7가지 성품(7가지 인성) 즉 심성, 지성, 덕성, 선악성, 영성, 신성, 감성 등을 선천적으로 가지고 태어난다. 그런데 사람마다 질과 양이 같지 않기 때문에 '어떻게 개발해서 육성을 시켜 나갈 것인가?' 하는 것이 인성교육의 해법이다.

선천적으로 타고난 성품

심성, 선천적으로 타고난 성품으로 심성이 있다. 심성은 상품의 질과 같은 것이라 할 수 있다. 좋은 상품이란 질이 좋아야 하듯이 좋은 사람이 되려면 심성이 좋아야 한다. 이렇듯 심성이 중요하다. 심성이 좋은 후손을 두려면 부모나 가문이 좋아야 하는 것이기 때문에 우리 조상들은 가문을 중요하게 보았다. 이는 우리나라 뿐만 아니라 세계 여러나라도 마찬가지이다. 훌륭한 자손을 두려면 부모가 좋은 심성을 가지고 살아야 한다. 동물의 세계는 강한 것이 살아남지만 우리 인간 세계는 고운 심성을 가진 후손이 번영하는 것이다. 일년초와 같은 생을 살지 말고 2~3대를 내다보는 생을 사는 것이 중요하다.

교육을 통한 가치관 형성

사람은 어떤 내용의 교육을 어떻게 받느냐에 따라 교육내용의 인생관이 형성되고 가치관이 형성되기 때문에 중요한 것이다. 앞서 논한 바와 같이 사람은 누구나 교육이 필요한데 교육은 첫째, 학문교육, 둘째, 능력교육(기술)교육, 셋째, 인성과 능력 계발 및 육성교육이다. 3대 교육을 통해 지성과 능력을 가진 사람 그리고 인성을 갖춘 사람이 만들어 지는 것이다.

인성 및 능력 계발 교육

인성 교육에 들어가기 앞서 인성이 무엇인지, 인성의 형태(구성)은 어떻게 되어 있는지, 인성교육의 방법 등을 소개하고자 한다. 그동안 인성교육은 학교보다는 종교기관에서 전문성을 가지고 가르쳐 왔다 해도 과언이 아니다. 그런데 중요한 것은 종교가 올바른 인성교육을 했느냐고 묻는다면 얼른 답을 하기가 어려울 것이다. 종교가 가지고 있는 교리(경전) 가지고는 교인은 만들고 교세는 확장해 나갈 수 있을지는 모르겠지만 객관성을 가진 사람, 인류가 추구하는 공동 가치를 가진 인성을 갖춘 사람을 만드는 데 성공을 했다라고 할 수 없을 것이다. 사례를 다 들 수는 없겠으나 한 두 가지만 든다면 종교로 인해 반목, 대립, 투쟁(전쟁)을 유발시켰다는 것을 부정할 수 없을 것이다. 역사를 거슬러 올라가지 않는다 하더라도 중동전쟁이나 각종 테러사건 배후에는 종교가 있었다는 것이 그 증거가 아니겠는가! 부자간이나 형제간에도 종교(신앙)가 다르면 반목하고 불화하며 대립하는 경우가 비일비재하다. 노파심에서 다시한 번 강조하자면 역사를 보면 전쟁의 60% 이상이 종교 갈등으로 일어나는 전쟁이었다. 그러므로 경전을 중심으로한 인성교육은 성공하기가 어려운 것이다.

우리나라는 다종교사회이다. 다종교사회에서는 특정 종교 경전이 우수하다 하더라도 공교육을 할 수 없다. 그러므로 종교 경전을 가지고 공교육인 인성교육을 할 수 없다는 것이다. 저자는 인성교육의 올바른 내용과 방법을 제시하여 인류공동의 가치관과 평화세계 건설에 일조가 되길 바라는 마음으로 인성교육에 관심을 가지고 연구하게 된 것이다.

인성은 21세기를
이끌어가는 새로운 자원

21세기를 이끌어가는 가장 중요한 자원은 훌륭한 인성을 갖춘 인적 자원이다. 인성은 사람이 살아가는데 없어서는 안 될 요소이고 조건이다. 사람이 살아가는데 필수적인 자원은 인간이 만드는 것이 아니라 자연이 가지고 있는 것을 인간이 찾아내서 활용을 하도록 하는 것이다. 자연은 신이 주는 선물이다. 자연은 저절로 주어지는 것이 아니다. 하나님의 창조물(피조물)이기 때문에 하나님께서 우주, 자연과 함께 살아가도록 인간에게 주신 선물이며 인성은 그 핵심 요소이다. 21세기 자원은 인성같은 무형의 인적자원, 공간자원(기와 영계의 자원), 우주자원이 주목을 받게 될 것이다. 하나님께 감사를 하면서 인성을 키우고 활용해야 할 것이다.

지난 20세기에 들어 인류는 물질자원을 개발하면서 오늘의 문명을 만들어 놓았다. 그러므로 인류문명사는 물질자원 개발사라고 할 수 있다. 자원개발사를 요약해 보면 지상자원 개발로 시작을 해서 지하자원 개발 그리고 해상자원 개발과 해저자원 개발로 20세기 문명을 만들었으며 문명의 소재는 자연자원이다.

21세기 문명의 자원과 개발은 어떨 것인가. 20세기 자원(자연자원)은 언젠가는 고갈이 될 것이다. 새로운 자원인 공간자원, 우주자원, 무엇보다 이를 운용하는 인성이라는 무형의 자원을 개발하고 잘 운용하지 못한다면 인류 발전은 한계에 이르고 말 것이다. 공간(우주) 자원은 기자원, 우주에너지 자원 그리고 영계(사후세계)자원을 두루 포함한다. 21세기는 기자원 우주자원 영계자원이란 3대 자원 개발시대가 될 것이다. 사람이 살아가는데 필요한 새로운 차원인 기자원, 우주자원, 영계(사후세계)자원은 실체를 아직 정확하게 밝혀내기 못하고 있다. 아직 모르는 분야가 많다는 것이다.

현재 인간이 쓰고 있는 물질자원은 과학으로 밝혀놓았으나 '기'라든가 사후세계(영혼)는 미지의 분야이다. 21세기는 기에너지와 영계(사후세계)에너지를 개발해서 인류가 바라는 평화의 세계, 행복하게 사는 복지의 사회를 건설하는데 사용되어야 할 것이다. 20세기까지는 지식을 가진 사람, 힘을 가진 사람, 기술을 가진 사람, 권력을 가진 사람들에 의해 지배되어 왔고 발전해 왔지만 21세기는 기능력을 가진 사람, 영계자원을 활용하는 사람, 무엇보다 인성을 갖춘 사람, 양심인에 의해 발전해 갈 것이다. 다시 말해 인성교육의 선진국, 기와 사후세계 우주 공간 에너지 개발 선진국이 21세기의 선진국이 될 것이다.

인성은 어떻게
가르칠 것인가?

인성이란 인간이 가지고 있는 성품이다. 이는 선천적으로 타고난다. 선천적으로 타고 나는 성품은 사람의 형상(생김새)이 다르듯이 성품도 사람마다 제각기 다르다. 사람마다 가지고 있는 성품을 절대적 기준을 두고 논하기는 어렵겠으나 '어떻게 좋은 성품을 개발해서 육성을 시키는 교육을 할 것이냐?'라는 문제는 중요한 내용이 아닐 수 없다. 앞서 말한바와 같이 땅 속에 각종 자원이 있는데 어떻게 필요한 자원을 찾아내서 자원으로 만들고 활용을 하느냐? 하는 것은 기술이다. 기술이 없다면 아무리 좋은 자원이 많이 있다 하더라도 아무 의미가 없는 것과 같이 사람이 가지고 있는 인성을 찾아내서 육성을 시켜나가는 인성교육이 되어야 하는데 인성교육을 제대로 못한다면 21세기에는 인간이 만들어 놓은 물질문명 이상의 세계는 만들어낼 수 없을 것이다.

성품을 분류해 보면 우리의 몸은 4지 백체가 있고 얼굴하면 얼굴에 이목구비가 있고 그 모양과 기능이 다르듯이 마음(성품)도 다양하고 여러 가지 기능을 가지고 있다. 마음(心)안에 있는 7가지 성품 즉 심성, 지성, 덕성, 선악성, 영성, 신성, 감성은 사람마다 선천적으로 가지고 태어나는 질과 양이 같지 않기 때문에 어떻게 개발해서 육성을 시켜 나갈 것이냐는 해답으로 인성교육의 방향을 제시하고자 한다.

어느 나라 교육도 인성교육의 정답을 내놓지 못하고 있다. 우리가 인성 교육의 올바른 답을 내놓는다면 우리나라는 진리의 메카 인성교육의 선진국이 될 것이다. 인성교육을 통해 인류가 수백 년에서 수천 년 해결하지 못했던 완전한 사람을 만들어 낼 수 있을 것이다. 예를 들자면 종교가 가지고 있는 경전을 가지고 교인을 만들고 교세는 만들어 내는데 완전한 사람은 못 만들어 낸다. 사람을 만들어 내는 교육, 인성교육의 진리, 인성교육 이념이 평화의 세계, 이화세계를 만들어갈 것이다.

올바른 인간을 만드는 3대 교육

한 사람이 사회에서 올바르게 살아가기 위한 교육은 크게 세 가지를 들 수 있다. 첫째, 학문교육 둘째, 기술교육 셋째, 인성개발교육이다. 이런 3대 교육을 통해 폭넓은 지식을 가진 사람(지성인), 능력을 가진 사람(기능인), 사람다운 사람, 훌륭한 덕목을 가진 사람을 길러내자는 데 목적이 있다(완전한 사람. 전인).

교육의 현실을 보자. 우리나라 교육이 지식인을 만들어내고 능력을 가진 사람을 만들어 내는 교육에는 성공을 했다고 할

지는 모르겠으나 사람(인성) 만드는 교육에는 실패를 했다. 행복한 삶이나 좋은 사회가 지식이나 기술(능력자) 만 있으면 되는 것이 아니라 올바른 사람, 올바른 지도자가 나와야 하는데 올바른 사람, 올바른 지도자를 만들어 내는 인성교육에 실패를 해서 사회가 병들어 가고 있으며 가정이 파괴되고 사람을 불행하게 만들고 있다. 행복한 사회를 만들라면 인성교육부터 시켜야 할 것이다. 지금까지는 학문교육이나 능력(기술)교육에 중점을 두고 교육을 해 왔다면 앞으로는 인성교육에 관심을 가지고 올바른 사람(지도자)을 위한 인성개발교육을 해야 할 것이다.

인성교육의 중요성

인성교육의 중요성은 10번, 100번을 강조해도 지나침이 없을 것이다. 인성교육이 안 되어 있기 때문에 많은 지식과 좋은 기술을 가지고 좋은 자리, 높은 자리에 있는 사람들(지도급 인사)이 비리를 저지르고 각종 죄를 짓고 있는 것이다. 법으로 막으려고 해도 막아지지 않는 것이다. 그 이유는 마약에 중독된 사람에게 투약을 하는 이치와 같은 이치이다. 약 기운이 떨어지면 발작을 하듯이 법으로 각종 범죄를 막으려는 것은 임시방편일 뿐이다. 그나마 안하면 사회 유지가 안되니까 법이 중요하지만 근본적으로 중요한 것은 공익성, 도덕성 등을 가진 인성교육을 통해 사람을 만들어 내야 하는 것이다.

올바른 인성교육 방안

학문 교육이나 능력(기능)교육은 일반교육과 특수교육을 통해 우수한 인재를 양성해야 할 것이다. 인성교육 방안은 결론부터 논하자면 양심적으로 살아야 하고 좋은 사람이 되어야 하고 효를 해야 하고 도덕과 윤리를 지켜야 한다는 것을 모르는 사람이 있겠는가? 특히 공직자가 공익심을 가져야 한다는 것을 모르는 사람이 있겠는가. 그러나 공직자의 비리가 줄어들지 않으니 어찌된 일일까. 또한 가정이나 학교 그리고 모든 종교는 역시 선행을 하는 사람이 되라고 가르치고 있다. 그런데 '왜 알면서도 행하질 않느냐' 하는 것이다. 다시 말해, 몰라서 죄를 짓고 선행을 안하는 것이 아니다. 알면서도 죄를 짓고 알면서도 선행을 안한다는데 문제가 있는 것이다.

그렇다면 문제는 무엇이란 말인가? 교육의 내용이 잘못되어서 인성교육이 안 되는 것이냐. 가정에서 부모가 아니면 종교의 경전이 잘못되어서인가? 학교의 인성교육 교재나 이론이 없어서인가? 교육자나 성직자가 잘못 가르쳐서인가? 문제는 위에서 지적한 것처럼 인성교육이 안 되는 것이 아니라 인성교육 이론(진리)과 방법이 잘못 되었기 때문임을 알아야 할 것이다.

3대 인성
교육방법

첫째, 학문교육이다.

학문교육은 폭 넓고 깊은 지식을 갖춘 사람으로 만든다. 결국 학문교육은 정보교육이라 할 수 있다. 특히 글로벌 시대를 살아가기 위해서는 남보다 많은 정보를 알아야 하기 때문에 개인이나 회사, 국가 모두 뒤지지 않기 위해서는 학문을 통한 정보교육이 필요하다. 질 좋은 각종 정보를 많이 가지고 있는 사람이 되어야 할 것이다.

손바닥만한 스마트 폰 하나로 세상의 온갖 지식과 정보, 200여 나라의 모든 것을 인터넷 공간 안으로 들여다 볼 수 있는 시대. 그러나 그렇게 얻는 정보는 깊이가 없다. 자칫하면 정보의 바다에 빠져 꼭 필요한 정보를 얻지 못하는 혼란에 빠질 수 있다. 장님 코끼리 만지기가 될 수 있다는 말이다. 제일 좋은 방법은 독서를 통한 방법이다. 책을 가까이 하는 사람치고 나빠지는 사람은 없다. 각종 책을 많이 봐야 한다. 적어도 초·중·

고 12년 동안에 1,000권 이상은 읽어야 할 것이다. 책을 읽는 것도 중요하지만 더 중요한 것은 독후감을 반드시 쓰도록 지도해야 할 것이다. 독후감을 쓴 노트를 책으로 만든다면 훌륭한 한 권의 작품집이 될 것이다. 독후감을 쓰게 되면 암기력, 상상력 집중력, 판별력, 추리력, 문장력, 표현력, 창의력 등이 향상될 것이다. 교과서를 중심으로 한 교육과 독서교육을 해 나간다면 학생들의 학습태도가 달라지고 지성을 가진 학생들이 될 것이다.

독서는 창조력을 향상 시킨다. 독서왕이라 할 수 있는 위인은 나폴레옹, 에이브라함 링컨, 토마스 에디슨, 존 F 케네디, 세종대왕, 이율곡, 정약용, 정주영 등이 독서를 많이 한 사람들이다. 오늘날 인류에게 전깃불, 축음기, 무선통신 등의 필수불가결한 기술을 발명한 에디슨은 그 비결로 '몰입의 법칙'을 말하고 있다. 특정한 일에 몰입하다보면 보다 큰 지혜와 힘이 생긴다는 원리이다.

둘째, 기술교육방법이다.

기술교육을 통해 능력자(기술자)를 만들어 가는 것이다. 사회생활을 하는데 필요한 것이 기술이다. 기술을 통해 능력을 갖춘 사람이 되어야 한다. 우리사회가 필요로 하는 사람이 전문분야에 능력을 갖춘 사람이다. 능력으로 평가되는 사회이기 때문에 능력을 갖춘 사람이 되라. 기술교육의 방법은 기술자가 되기 위해서는 전문분야에 지식을 갖고 실기(연습)실습을 많이 해야 기술자가 되는 것이다. 실습을 안하고 기술자가 된 사람은 없다. 해봐야 기술이 향상되는 것이다. 예를 들자면 운전 면허증을 따려면 필기시험에 합격을 하고 실기시험에 합격해야 면허증을 받게 되고 운전도 많이 해 봐야 베테랑이 되는 것이다. 모든 기술이 이와 같이 해 보지 않으면 안 되는 것이다.

셋째, 인성교육방법이다.

인성교육이란 중요하고 필요하다는 데는 모든 사람들이 공감하겠지만 막상 교육을 하려고 한다면, 문제에 봉착하지 않을 수 없을 것이다. 우리가 지금까지 도덕, 윤리 교육을 해왔는데 윤리, 도덕 교육과 인성교육이 본질은 같은 것일 수 있으나 방향과 실천 방법에서 오늘의 현실에 맞도록 한 것이다. 과거 그대로라면 굳이 인성교육진흥법을 만들어 인성교육을 해야 할 이유가 없을 것이다. 그렇다면 무엇이 어떻게 다른지 밝히고 인성교육을 통해 진실한 능력이 있는 사람으로 만들어 낼 수 있을 것인지 인성교육 이념과 방법론을 제시해야 할 것이다. 이에 필자는 10여 년 전부터 인성문제에 관심을 가지고 고민을 하면서 연구한 내용을 정리해 보았다.

넷째, 선행집을 만들어 보자

이러한 자기분석과 평가, 자성과 반성을 기록하는 개인 선행집, 가정 선행집, 학교 선행집, 종교 선행집, 나아가 공직자, 정치인, 기업가, 성직자, 예술인 청와대 각부처 선행집 등등 누구나 각자의 분야에서 선행집 만들기 운동을 하면 어떨까? 선행 생활 문화운동을 통해 인간관계, 도덕문화가 꽃을 피우고 법치주의 사회가 될 것이다.

행위를 통해서 인성이 형성되는 것이다. 위에서 지적했듯이 올바른 인성교육을 위해서는 부모나 스승이나 성직자 자신들이 좋은 일한 내용을 보여 주어야 할 것이다. 자기는 하지도 않으면서 자식에게 제자에게 아래 사람에게 좋은 일 하라고 하는 것은 올바른 인성 교육이 아니다. 효를 행한 사람이 효 교육을 해야지 효를 안 해 본 사람이 효를 하라고 한다면 교육이 되겠는가! 재미있는 우화를 예로 들어보자. 바닷물이 빠져나간 갯벌에 어미 게가 나와서 새끼 게들이 노는 모습을 보고 있었는데 어미 게가 새끼 게들이 노는 모습을 보니 모두 옆으로 기는 것이다. 앞으로 가야 하는데 옆으로 가니까 새끼들을 불러 놓고 하는 말. "애들아, 가는 것은 앞으로 가야지 왜 옆으로 가느냐"고 하니까 새끼가 하는 말. "우리는 엄마를 보고 따라하는 건데요" 하니까, 어미 게가 "무슨소리니? 난 앞으로 가고 있는데" 하며 앞으로 간다는 것이 옆으로 가고 있는 것이 아닌가. 새끼 게가 하는 말. "애들아~ 엄마도 옆으로 가면서 우리보곤 앞으로 가라고 하네!" 하더란다. 이와 같이 자기는 잘못 살면서 올바로 살라고 말로 하는 교육은 교육이 안 된다. 윗 물이 맑아야 아랫물이 맑다는 말이 있듯이 윗 사람이 본이 되는 교육이 되어야 할 것이다.

또한 세 살 버릇이 여든까지 간다는 말의 의미가 무엇이겠는가. 버릇, 습관이 그 만큼 중요하다는 말이 아니겠는가. 선행을 실천하는 교육을 통해서만 인성교육이 성공 할 수 있을 것이다. 인성교육은 실천이 중요하다. 좋은 일을 해야 한다는 것을 모르는 사람이 있겠는가. 부모와 학교에서 그리고 종교에서 한결같이 좋은 사람 되라고 가르친다. 공무원이나 종교 지도자가 몰라서 범죄를 하는가. 다 안다. 그런데 왜 좋은 사람 정직한 사람이 안 되느냐 하는 것이다. 그 원인을 몰라서이다.

7가지
인성의 구성

인간은 누구나 선천적으로 타고난 본성이란 성품이 있다. 전장에서 논 한 바와 같이 본성을 분류해 보면 심성, 덕성, 지성, 선악성, 영성, 신성, 감성으로 구분 할 수 있고 7가지 성품을 계발하고 육성하는 교육이 인성교육이 되어야 할 것이다.

첫째 심성 교육

심성의 기준은 양심으로서 양심교육이 절대 필요하다. 바늘도둑이 소 도둑 된다는 속담이 있듯이 어려서부터 거짓말이나 작은 것이라도 남의 것을 탐하지 않도록 타인에게 피해가 가는 행위는 절대 하지 않도록 하는 교육이 필요하다. 양심에 가책이 되는 행동은 하지 않게 하는 교육이 중요하다. 양심이란 이타심, 공익심이다. 공익심, 공익 사상은 우리 민족 사상인 홍익인간 사상이다. 정리해 보면 홍익사상이란 위타사상이고, 위타

사상은 공익사상이고 공익사상은 인간 본성인 양심사상이다. 양심사상 교육을 통해 올바른 사람, 정의로운 사람을 길러내야 할 것이다. 양심적인 사람은 타인에게 해를 주지 않이하고 감사하는 생활, 양보하는 생활, 겸손한 생활을 하는 사람이다.

둘째 덕성 교육

사람은 누구나 측은지심을 가지고 있다. 불쌍한 사람을 보면 도와주고 싶은 마음 불의를 보면 정의감을 갖게 되는 것 이러한 것들이 덕성이다. 그러나 중요한 것은 덕성을 가졌다 하더라도 행위로 나타내지 않는다면 의미가 없다. 그러므로 덕성의 기준은 공덕이다. 각자 자기의 공덕을 기록해 보라. 덕성이란 그릇에 공덕을 담아야지 빈 그릇이라면 되겠는가? 공덕은 평생 쌓아야 하는 것이지 한꺼번에 쌓는 것이 아니다.

도움을 받는 자와 도움을 주는 사람이 있다면 어떤 사람이 감사해야 할까? 답은 서로 감사 해야 할 것이다. 도움을 받는 사람과 도움을 주는 사람 누가 더 하다 할 것 없이 두 사람 다 같이 감사해야 한다는 말이다. 선행(덕)을 베풀고 싶어도 대상이 없다면 선행을 할 수 있겠는가. 어려운 자가 있기 때문에 도와(선행) 줌으로 덕을 쌓을 수 있으니 그 사람이 고마운 사람이고, 도움을 받는 사람은 도와주는 사람이 있으니 도와주는 사람이 감사한 것이다. 그러니 서로 감사해야 하는 것이다.

셋째 지성 교육

학문을 통해 지식을 갖게 되면 온유하고 겸손함으로 나타날 때 지성인이라 할 수 있다. 아무리 많이 배우고 많이 갖고 있다 하더라도 오만 방자하다면 지성인이라 할 수 없을 것이다. 과연 나는 지식인인지 자신을 돌아 보라. 남을 배려하는 마음은 홍익 정신과도 같은 것이다. 베풀면서 사는 생활, 양보를 미덕으로 하는 생활, 온유 겸손한 생활이 지성인의 생활이다. 배우는 것은 알기 위해서이고, 아는 것은 행하기 위해서이고, 행하는 것은 행복하기 위해서이다.

넷째 선악성 교육

맹자는 성선설을 주장했고, 순자는 성악설을 주장 했는데 이는 단면만을 본 것이다. 사람은 선과 악을 행할 수 있는 양면의 본성을 가지고 있다. 악한 마음은 절제하고 선한 마음은 육성시켜 나가는 교육이 인성능력 교육이다. 그러므로 사람은 100% 선한 성품을 가지고 태어나는 사람도 없고 100% 악한 성품을 가지고 태어나는 사람도 없다. 다소의 차이는 있을 지라도 100% 선하고 악한 사람이 없다. 좋은 것을 보면 갖고 싶은 생각을 한다는 것은 자연스러운 인간 본성의 욕구이다. 그러나 갖는 방법에 있어 차이가 있는데 나쁜 방법이라도 써서 자기 것으로 만들고 싶은 생각을 안 해 본 사람이 있겠는가. 절제하는 마음 양심의 작용 때문에 유혹에서 벗어나는 것이다.

나를 올바르게 만들어 주는 양심은 곧 스승이요, 자기를 지켜주는 수호신이라 할 수 있을 것이다. 우리 마음속에 있는 악한 마음은 절제로 눌러 놓고 선한 마음은 행동으로 옮기는 생활이 필요하다. 우리가 세상을 살다 보면 많은 유혹이 있다. 돈에 대한 유혹, 이성에 대한 유혹, 권력에 대한 유혹 등 유혹의 힘과 절제력이 있는데 절제력 교육이 인성교육 중 선악성 교육이다. 1일 1선을 하는 생활과 1일 1악을 안하는 생활을 한다면 좋은 사람이 될 것이다. 1일 1선 하는 생활, 감사하는 생활, 양보하는 생활이란 3대 생활 수칙을 가지고 살면 모든 사람이 선한 사람이 될 것이다. 외출 할 때 거울을 보고 나가듯이 양보, 감사, 선행이란 3가지 마음을 갖고 생활하라.

다섯째 영성 교육

사람은 영적인 영성을 가지고 태어났다. 사람에 따라 다소의 차이는 있겠지만 영성이 있는 것만은 확실하다. 영성을 계발하고 교육을 한다면 지혜가 생기고 혜안을 갖게 될 것이다. 하루에 1시간 이상 명상의 시간을 가져라. 개개인 명상과 가족이 함께 하는 명상시간을 갖는다면 마음이 맑아지고 지혜가 생길 것이다. 마음이 편안해지고 행복감을 느끼게 될 것이다. 지식은 고인 물과 같고, 지혜는 샘물과 같은 것이니 지혜를 가진 사람이 되라. 지식을 자랑하지 말고 지혜를 가지고 겸손하라.

지혜를 가진 지도자를 말 한다면 성경에 나오는 솔로몬왕 이야기를 빼 놓을 수 없을 것이다. 아기를 놓고 두 여인이 서로 자기 자식이라고 싸우다가 해결이 안 되어 솔로몬 왕에게 판결을 해 달라고 했다. 솔로몬 왕은 "서로의 주장이 완강하니 할 수 없다. 어떤 판결을 해도 따르겠냐?"하고 다짐을 받아 놓고 톱을 가지고 오게하고는 "아기를 반으로 갈라 반씩 가져가라"하고 명령했다. 두 여인 중 한 여인은 그렇게 하겠다고 했고 다른 여인은 안 된다고 자기가 포기하겠다고 했다. 누가 진짜 아기 엄마겠는가? 아기의 생명을 위해 자식을 포기하려 했던 여인이 진짜 생모가 아니겠는가? 명판결의 지혜다. 옛날에 천기를 잘 아는 사람이 있었는데 천기를 보니까 올 여름에 우박이 많이 오니 논에 벼농사를 짓지 말라, 농사를 지으나마나 라고 말해 논 가진 사람들은 논을 싼값에 다 내 놓았다. 미련한 사람이 논농사 짓는 사람이라고 속였다. 그런데 한 지혜로운 사람이 싼 값에 모두 사들여 벼농사를 하게 되었는데 우박이 온다는 날에 논에다 물을 잔뜩 대어 가지고 우박이 와도 벼가 상하지 않게 했다. 우박이 지나간 다음에 논에 물을 다 뺐다. 상황판단을 정확히 하고 대처하는 것이 지혜이다.

여섯째 신성 교육

사람의 성품 가운데 신성이란 성품이 있다. 신성이란 신의 세계인 사후세계(죽음)를 생각하게 하는 성품(본성)이 있다. 인간은 성전(신성)이고 신이 함께 하면 신인일체가 되는 것이다. 사람이 사심 욕심을 버리고 위하는 마음을 갖게 되면 (공익심)

신성이란 집에 하나님, 4대 성인을 비롯해 선한 영들이 함께 할 것이다. 우리가 세상을 사는데 알아야 할 중요한 것이 있다. 우리 인간은 반드시 가야 할 사후세계가 있다는 것이다. 사후세계나 신을 이야기 하면 종교를 말하려고 하는 것 아니냐는 생각을 할 수도 있겠으나 나는 종교를 말하려는 게 아니다. 사람은 누구나 가야 할 길 사후세계(영계)를 생각하면서 사는 사람을 만드는 신성교육에 필요성을 강조하고자 함에 있다. 예를 들자면 오늘만 있다라는 생각을 하고 사는 사람과, 내일이 있다는 생각을 하고 사람과는 삶의 질과 방법이 달라지는 것과 같이, 이 세상 밖에 없다는 생가을 하고 사는 사람과 사후세계가 있다고 생각하는 사람과는 삶의 내용이 다른 것이다.

신성교육을 통해 올바른 생사관을 갖게 하므로 종교가 아닌 신성교육으로 신인일체가 된 신인체, 지상세계와 사후세계의 연계성과 가야 할 길을 밝히고자 한다. 지금까지는 신앙(종교)을 해야만 좋은 세상으로 간다고 종교를 내세워 신앙을 믿게 했지만 수많은 사람들을 불행하게 만든 종교가 많았다. 그러나 20세기 이후의 시대는 종교가 인류를 구원해 주는 것이 아니라 각자 자신의 삶의 결과에 의해 사후세계로 가는 길이 결정되기 때문에 종교와는 관계 없이 행위에 의해 생사화복이 결정되는 것이다.

성경에 보면 "진리를 알지니 진리가 너희를 자유케 하리라"라는 기록이 있다. 모든 종교는 종교인들을 놓아 주어야 한다. 신앙생활을 잘 해야 복을 받고 행복하게 사는 것도 아니고 천국이나 극락으로 가는 게 아니다. 부모에게 효를 행하고 형제간에 우애하고 사회에 봉사하고 자연에 감사하며 창조주께 감사하는 생활을 하면 복을 받고 좋은 세상이 만들어진다는 교육을 통해 가정으로 돌려보내야 할 것이다.

종교에서 해방시키는 인성교육이념의 진리가 올바른 진리가 될 것이다. "마음을 다하고 목숨을 다하고 뜻을 다하여 하나님을 사랑하라 함과 같이 네 이웃을 사랑하라"하는 말의 뜻이다. 성인들의 말씀이 한결같이 이웃을 사랑하라는 말의 뜻이 서로 다르지 않다는 것을 바로 알아야 할 것이다. 부모님이 하나님이고 형제가 이웃이 된다. 가정이 천국이다. 종교, 진리에서 해방이 되라. 가정행복과 인류평화로 가는 길이다.

일곱째 감성 교육

사람이 가지고 있는 7가지의 성품 중에 감성이란 성품이 있는데 감성이란 사물을 보고 판단함에 있어서 보고 판단하는 게 아니다. 감각을 통해 느끼고 깨닫게 되는 성품을 말하는 것이다. 감성교육을 통해 감성으로 사물이나 현상을 올바로 보고 느끼게 하고 통하게 하고자 한다. 논한 바와 같이 7성 교육을 통해 완전한 인성을 갖춘 사람을 만들 수 있다. 7성을 가지고 아름다운 마음의 세계(정신세계) 문화를 만들어 가자.

몸의 세계를 보면 잘 생긴 사람, 능력 있는 사람, 마음씨 곱고 매너 좋은 사람은 누구나 바라는 이상적인 인간형이라 할 수 있다. 주위에 이런 사람 있으면 가까워지고 싶고 함께 하고 싶은 것은 인지상정 아니겠는가. 결혼 상대를 구하려고 한다면 이런 사람을 기준으로 해서 선택하려고 할 것이다. 뿐만 아니라 기업을 하는 사람이라면 이런 사람을 사원으로 쓰고 싶을 것이다. 동서양인을 막론하고 이런 사람을 원한다. 이와 같이 우리 인간의 내면 마음(정신세계)을 살펴보면 마음은 그냥 마음이 아니라 7가지 기능을 가진 구성체로 되어있기 때문에 7가지 기능이 조화를 이룬 마음을 가진 사람은 완성한 사람, 본래의 인간상이다.

인성 함양을 위한
7단계 교육론

첫째 복중교육

복중교육 하면 일반적으로 산모가 혼자 하는 것으로 알려져 있다. 출산할 때까지 산모의 마음가짐과 행동(생활)을 강조해 왔다. 물론 산모의 복중교육이 중요하지만 산모 혼자 하는 교육이 아니다. 부부가 같이 해야 하는 교육일 뿐만 아니라 가족(할아버지, 할머니, 형제 등)이 함께 해야 하는 것이다. 혈연관계만 가지고 가족이 되는 게 아니다. 정으로 맺어지는 관계가 되어야 행복한 가정이 될 수 있다.

둘째 가정교육

공동체 교육(혈연, 가족 공동체) 윤리와 도덕교육(인성)

셋째 학교교육

초중고, 대학 교과과정에 따른 기본 소양 및 정보, 기술교육, 인성교육(인격의 완성)

넷째 사회교육

직장내 교육(사업체 교육), 노사문제, 노동기술력 향상, 노사 상생교육(각종 노동시장에서의 문제의 해법은 교육이다.), 지역봉사, 시민 참여 등 사회공동체 일원으로서 시민사회성 배양 교육(지역사회, 사회단체 교육)

다섯째 평생교육

정규 학교교육 수료후 평생 살아가면서 정서 함양이나 시민 사회 소양의 배양, 실생활에 필요한 교육으로 평생교육기관이나 자치단체 부설기관을 통한 교육(노인교육, 건강교육, 취미 및 직업교육, 사회봉사활동, 기타)

여섯째 종교교육

종교 기관 및 단체를 통한 교육. 선행과 사회봉사, 사후세계, 올바른 생사관, 신앙 교육 등이 있다.

일곱째 민족교육

홍익인간 이화세계로 대표되는 한민족의 건국이념은 세계평화와 인류공영을 이상으로 하고 있다. 오랜 전통문화를 바탕으로 오늘날 세계가 안고 있는 이념, 종교, 인종, 체제의 갈등과 차별을 지향하는 한국인의 사상과 가치로 세계를 선도할 수 있다. 제4차 산업혁명에 이은 제4의 물결인 인간혁명은 한반도 한국의 정신문화에서 시작할 수 있다.

이런 7단계 교육을 통해 이상 인간, 행복한 가정, 이상사회(국가), 이상세계로 인류는 평화의 세계로 갈 것이다.단계별 교육론의 기본에는 인성교육이 있다. 인성교육은 인성을 개발하여 올바른 인격자 양성, 능력 계발 교육으로 능력자 양성, 공익성 국가관 교육으로 지도자 양성을 가능하게 한다.

인성교육은 우리나라만 필요한 것이 아니라 세계 모든 나라가 필요하다. 인성교육을 통하지 않고서는 올바른 사람이나 지도자를 만들 수 없다. 인성교육은 해도 그만 안 해도 그만이 아니라 필히 해야 하는 교육이고 필자가 정리해 놓은 이론과 방법이 아니고서는 완전한 인성교육이 안된다고 말하고 싶다. 뒤늦게나마 지난 2015년 우리나라에서 처음으로 인성교육진흥법이 여·야 만장일치로 제정되어 2017년부터 시행하게 되었다는 것은 세계에서 자랑이 아닐 수 없다.

인간의 마음속은
신神의 성전

우리 인간의 마음은 신의 성전(집)이다. 성경에 보면 하나님의 성전인 것과 "성령이 너희 안에 거하는 것을 알지 못하느냐"라는 말이 있다. 다시 말해 마음은 나와 함께 있지만 나만의 마음이 아니라 하나님이 함께 할 수 있는 집이자 신인일체의 자리가 마음이다. 이는 기독교뿐만 아니라 불교나 유교, 이슬람교 등도 유사한 점을 가지고 있다. 본연의 인간 마음을 가지고 살면 선한 영들이 좋은 생각과 행동을 바르게 하며 행복하게 살도록 이끌어 주는 것이다. 그러나 조금이라도 나쁜 생각을 하면 악령이 마음(정신)을 지배하는 것이다. 악령이 나를 위해 준다고 하는 것은 악행으로 유도하는 말일 것이다. 모든 죄는 자기 욕심과 이기심을 채우려는 생각을 하는 것으로부터 시작이 되는 것이다. 자기라는 유혹에서 벗어날 때 마음에는 하나님의 성전이 자리하게 되는 것이다. 이런 삶을 살면 어떨까. 부모와 남편과 아내, 자식, 직장, 나라에 기쁨과 소망을 주고자 하는 마음을 가지고 살아간다면 우주의 기운과 생기가 들어올 것이다.

계산을 하고 살아라

장사(기업 등)를 하는 사람이라면 하루, 한달, 일년 결산을 할 것이다. 얼마를 팔아서 얼마가 남았는지 아니면, 손해 보는 장사를 해서 몇 천을 들어 먹었는지 결산을 안 하는 사람이 있겠는가. 그렇다면 인간관계에서도 남는 인간관계를 했는지 하루, 한달, 일년을 결산해 본 적이 있는가. 얼마나 기쁨과 소망과 사랑을 했는지 선행을 했는지 결산을 해 볼 필요가 있을 것이다.

반성을 하면서 살아라

인성을 가진 사람으로서의 삶, 부모 앞에 남편이나 아내 그리고 자식, 직장, 나라, 조상님께 감사하며 위하는 마음을 가지고 살아가야 할 것이다. 누구나 바라는 사람, 하나님과 선영들이 바라는 사람, 자연 우주까지도 그리워하고 보호해 주려고 하는 사람, 이런 사람을 만드는 교육이 인성개발 교육이다.

성(sex)의 가치관교육이 필요하다

사람들이 가지고 있는 여러 가지 욕망이 있는데 욕망 가운데 하나가 성적 욕망이다. 성적 욕망은 사람만이 가지고 있는 욕망이 아니라 모든 생명체가 가지고 있는 욕망일 것이다. 인간과 동물의 다른 점을 찾아 보면 여러 가지가 있겠으나 대표적인 몇 가지만 살펴보자면 첫 번째 도덕성을 들을 수 있을 것이다. 인·의·예·지·신의 도덕성은 인간만이 가지고 있다는 것을 알아야 할 것이다. 인간을 고등동물이라고 하는 것도 도덕성이 있기 때문일 것이다.

다음으로 사람은 지적 능력을 가지고 환경을 변화시키면서 살아가고 있다고 하는 것이 동물과 다른 점이라 할 수 있을 것이다. 뿐만 아니라 동물은 살기 좋은 환경을 따라다니면서 살지만 인간은 살기 좋은 환경을 만들어 가면서(문명)사는 것이 동물과 다를 뿐만 아니라 사람은 사후세계(신)를 생각한다고 하는 것이다. 종교 신앙을 하는 것은 인간만이 하는 것이다.

중고생들은 성에 대한 관심이 많을 나이다. 이 시기는 성기능도 성장할 나이기 때문에 성에 대한 관심과 성적 유혹에 빠질 가능성이 높은 것이다. 자칫 잘못하면 성적 유혹에 의해 죄를 짓게 되고 인생을 망칠 우려가 있기 때문에 성에 관한 가치관 교육이 중요하다. 사람은 성을 잘 다스려야 한다. 남녀는 성이 있기 때문에 부부인연을 맺고 가정을 갖게 되는 것이다. 가정은 삶의 목적인 행복의 보금자리가 되는 것이다. 가정을 통해 얻은 행복(기쁨) 이상의 가치는 없을 것이다. 최고의 절대 가치라 할 수 있다.

가정의 행복 절대가치의 핵심은 부부의 사랑이고 그 사랑은 성(순결)을 지킬 때만 행복이 유지된다. 성을 지키지 못한다면 가정이 유지될 수 없다. 그러므로 중·고교부터 올바른 성교육을 통해 성을 지키지 못하고 가정이 파탄되는 인생 낙오자가 나오지 않도록 해야 한다. 성은 지키면 최고의 가치가 되지만 못 지키면 불행하고 수치스러운 것이다. 최근 심각한 사회 문제를 일으키고 있는 미투(#Me Too) 열풍에서 보듯이 많이 배우고 성공을 해서 국회의원이 되고 판·검사가 되고 최고의 학자나 성직자가 되었다 하더라도 성을 지키고 못하고 가정을 지키지 못하면 모든 것을 잃게 된다. 성적욕망, 순간의 유혹을 이기지 못한다면 타락한 인간, 불행한 인생으로 추락하고 만다는 점을 교육해야 할 것이다. 유례없는 성 문란의 위기 시대에 희생자가 되어서는 아니 될 것이다.

성매매 산업이 심각하다. 여성가족부 통계에 의하면 성매매 업소가 2010년 1,806개소, 2013년 1,858개소, 종자사 4,917~5,013명으로 증가했다고 한다. 더 문제가 되는 것은 가출 청소년이 증가하고 있다고 하는 것이다. 가출 청소년이 25만명이 넘는다고 하는 것이다. 문제는 가출 청소년들이 각종 범죄에 노출되어 있다고 하는 것이다. 이들을 보호하고 바른 방향으로 선도해 갈 수 있는 제도와 인성교육이 필요한 것이다. 앞서 논했듯이 성이란 부부관계에서만 성립되는 절대 가치관 교육이 필요하다. 부부 외의 성관계는 가정파탄과 불행, 재앙이 될 것이다. 순간의 쾌락이 생을 파멸시킨다는 점을 명심해야 할 것이다.

죄와 인과응보의 법칙

죄를 지으면 벌을 받고 선행을 하면 복을 받는다는 인과응보는 수학의 공식과 같은 법칙이다. 그 누구도 이 원칙을 비켜갈 사람은 없다. 더 중요한 것은 본인이 죄를 짓고도 벌을 받지 않는다면 자식에게 죄가 전가된다고 하는 것이다. 죄를 짓는 것은 인과응보의 법칙을 모르기 때문이다. 죄를 짓고도 드러나지 않으면 괜찮을 것이라고 생각하기 때문에 죄를 짓는 것이지 자기 대에 들어나지 않으면 자식이 더 큰 벌을 받게 된다는 인과응보의 법칙을 알게 된다면 죄를 지을 이는 없을 것이다. 어느 부모가 자기 행복을 위해 자식의 불행을 원하겠는가? 자기보다 자식을 위해 희생을 하는 게 부모가 아닌가? 이는 마치 씨앗이 백배, 천배의 결실이 맺어지듯이 나의 행동의 결과는 자식 대에 가서는 열배, 백배의 (벌)고통으로 결과가 나타난다는 사실을 알아야 할 것이다. 부모(조상)가 죄를 지으면 자식(후손)이 장애를 가지고 태어난다던가 살아가면서 고통을 당하는 벌을 받게 되는 것이다. 선행을 하면 후손이 잘 되는 것이다. 자신을 위해서는 선행을 해야 하겠지만 후손을 위해서는 더큰 선행을 해야 할 것이다. 이것이 유교에서 말하는 인과응보의 법칙이다. 불교 역시 선인선과(善因善果), 악인악과(惡因惡果)를 말하고 기독교의 성경은 인간은 행한 대로 갚아 준다는 것이 인과응보이다.

죄의식 교육이 필요하다

동물의 심리는 알 수 없겠으나 사람은 죄를 지면 양심의 가책을 받게 된다. 바꾸어 말하면 양심의 가책은 죄의식을 가질 때 양심의 가책을 받게 되는 것이기 때문에 '죄가 무엇인가'라고 하는 죄의 정의를 알아야 할 것이다.

죄라고 하는 것은 일반적으로 보는 죄가 있고 종교적으로 보는 죄가 있다. 일반적인 죄라고 하는 것은 국가에 있어 정해 놓은 법을 어기면 죄라고 하는 것이고 종교적인 죄는 종교마다 차이가 있다. 종교에서 금기사항으로 정해놓은 법을 어기는 것도 종교마다 차이가 있지만 죄라고 할 수 있다.

그렇다면 '어떤 죄의식을 가지고 살아야 할 것인가?'라고 하는 문제는 중요한 문제가 아닐 수 없다. 결론부터 논한다면 종교적인 입장에서가 아니라 사회, 국가에서 법률로 정해 놓은 죄의식을 가지고 살아야 한다는 것이다. 인성교육에 있어서 준법정신과 윤리와 도덕성을 길러주는 교육이 중요한 것이다. 사회생활을 하는데 윤리와 도덕 그리고 법을 지키는 의식교육이 필요하다. 뿐만 아니라 죄를 지으면 벌을 받는다는 필벌사상 교육이 필요하다. 예로서 국방, 납세, 근로, 교육 등 국민의 4대 의무가 있으며 이에 따른 4대 의무에 대한 교육이 필요하다. 누구나 이행해야 하는 의무이다. 그러나 신앙심이나 개인의 자유를 위해 의무 수행을 하지 않는 것은 자유민주주의 근간인 준법정신과 보편적 법치주의를 저해하는 것이 된다.

사회윤리, 도덕규범을 어기면 죄가 된다. 어떤 것이 죄인지를 알고 살아가도록 청소년들을 교육해야 할 것이다. 사회윤리를 지키지 않는 것이 죄가 된다는 점을 알아야 한다. 사회윤리의 기본은 부자유친, 군신유의, 부부유별, 장유유서, 붕우유신이다. 부자유친을 역행하는 것이 제일 큰 죄라고 하는 것이다. 다시 말해, 불효하는 죄가 가장 큰 죄가 되는 것이다. 다음은 불충 죄라고 했는데 이 말은 반국가적 행위를 죄라고 하는 것이다. 법을 어기고 집단행위를 하는 것이 죄가 되는 것이다. 이러한 행동은 인권, 자유, 양심이란 보편적 가치를 잘못 생각하고 행동하는 사람이며 때에 따라 단체 등 시대적인 정의나 선각자 양심수라고 하는 인식에서 비롯된 행동이다. 전체라는 사회나 국가에 반하는 양심이나 인권, 자유 등은 죄가 된다는 점을 교육해야 할 것이다. 그리고 부부간에도 지켜야 할 도리가 있고 상하 전후와 좌우의 질서를 어기는 것도 죄가 되는 것이다. 신의가 없이 서로 속이는 것 기만하는 것 모두 죄가 된다. 이와 같은 윤리의식을 가지고 살아가야 할 것이다. 이러한 윤리를 지키지 않는 것이 죄가 된다는 죄의식 교육이 필요한 것이다.

인성교육진흥법
제정

인간으로서의 존엄과 가치를 보장하고 「교육기본법」에 따른 교육이념을 바탕으로 건전하고 올바른 인성(人性)을 갖춘 국민을 육성하여 국가사회의 발전에 이바지함을 목적으로 인성교육진흥법이 2015년 1월 제정·공포되었다

인성교육이란 자신의 내면을 바르고 건전하게 가꾸고 타인, 공동체, 자연과 더불어 살아가는데 필요한 인간다운 성품과 역량을 기르는 것을 목적으로 하는 교육으로 유치원, 초·중·고등학교 등에서 이를 가르치도록 하고 있다.

국가와 지방자치단체는 인성교육을 위해 다음과 같은 책무를 이행하도록 정해 놓았다. 첫째 인성을 갖춘 국민을 육성하기 위하여 인성교육에 관한 장기적이고 체계적인 정책을 수립하여 시행하여야 하며, 둘째 학생의 발달 단계 및 단위 학교의 상황과 여건에 적합한 인성교육 진흥에 필요한 시책을 마련하여야 하고, 셋째 학교를 중심으로 인성교육 활동을 전개하고, 인성 친화적인 교육환경을 조성할 수 있도록 가정과 지역사회의

유기적인 연계망을 구축하도록 노력하고, 넷째 학교 인성교육의 진흥을 위하여 범국민적 참여의 필요성을 홍보하도록 노력하여야 할 것을 규정하고 있다.

이에 따라 대다수의 지방자치단체가 인성교육 진흥조례을 제정하고 세부적인 사항을 규정하였다. 또한 국민도 국가 및 지방자치단체가 추진하는 인성교육에 관한 정책에 적극적으로 협력하도록 명시하고 있다. 인성교육에 관한 소정의 사항을 심의하기 위하여 교육부 장관 소속으로 인성교육진흥위원회를 두고 관련된 업무를 집행하도록 했다.

교육부 장관은 인성교육의 효율적인 추진을 위하여 대통령령으로 정하는 관계 중앙행정기관의 장과의 협의와 인성교육진흥위원회의 심의를 거쳐 인성교육종합계획(종합계획)을 5년마다 수립하하도록 했다. 종합계획에는 인성교육의 목표가 되는 핵심 가치·덕목으로 예(禮), 효(孝), 정직, 책임, 존중, 배려, 소통, 협동 등의 올바른 마음가짐이나 사람됨을 가르치도록 하였으며 이런 가치들을 적극적이고 능동적으로 실천 또는 실행하는 데 필요한 지식과 공감·소통하는 의사소통능력이나 갈등해결능력 등이 통합된 능력을 강화하도록 하였다.

각 지방자치단체의 교육감은 종합계획에 따라 해당 자치단체의 연도별 인성교육시행계획을 수립·시행하도록 하고 매년 종합계획 및 시행계획에 따른 인성교육의 추진성과 및 활동에 관한 평가를 실시하도록 했다.

학교의 인성교육 기준과 운영 및 규정도 각 학교의 장이 교육부가 정한 인성교육의 목표 및 성취 기준과 교육대상의 연령 등을 고려하여 매년 인성에 관한 교육계획을 수립하여 실시하고, 인성교육의 핵심 가치·덕목을 중심으로 학생의 인성 핵심 역량을 함양하는 학교 교육과정을 편성·운영하며, 인성교육 진흥을 위한 학교·가정·지역사회와의 연계 방안을 강구하도록 하였다.

정부와 지방자치단체는 또 가정, 학교 및 지역사회에서의 인성교육을 지원하기 위한 교육 프로그램(인성교육프로그램)을 개발하여 보급하되 인성교육프로그램의 구성 및 운용 등을 전문단체 또는 전문가에게 위탁할 수 있도록 했다. 교육부 장관과 교육감은 인성교육프로그램의 구성 및 운용 계획을 해당 학교 인터넷 홈페이지에 게시하는 등의 방법으로 학부모에게 알릴 수 있도록 하였고, 학부모는 학교의 인성교육 진흥시책에 협조하여야 하고, 필요한 사항을 해당 기관의 장에게 건의할 수 있다.

인성교육프로그램의 적합성 여부에 대한 인증은 교육부장관이 하도록 했다. 프로그램을 개발·보급하거나 인성교육과정을 개설·운영하려는 개발자 등은 인성교육프로그램 또는 인성교육과정의 내용, 시간, 과목, 시설 등을 소정의 절차를 거쳐 인증을 받도록 했다. 인증 업무는 교육부가 정하는 전문기관 또는 단체(정부출연기관, 교육 관련 조사 및 연구 사업을 수행하는 공공기관, 인성교육을 포함한 교육 관련 사업을 목적으로 하는 비영리법인) 등에 위탁할 수 있는데 한번 인증 받으면 3

년 유효하며 한차례 더 2년간 연장할 수 있다. 또 국가 및 지방
자치단체는 인성교육 지원, 인성교육프로그램 개발·보급 등
인성교육 진흥에 필요한 비용을 예산의 범위에서 지원하도록
했다.

각급 학교 교원은 일정시간 이상 인성교육 관련 연수를 이수
하도록 했다. 교육대학·사범대학(교육과 및 교직과정을 포함
한다) 등 이에 준하는 기관으로서 교육부령으로 정하는 교원
양성기관은 예비교원의 인성교육 지도 역량을 강화하기 위하
여 관련 과목을 필수로 개설하여 운영하도록 했으며 각 학교의
장은 교육프로그램에 따른 지역사회 등의 인성교육 참여를 권
장하고 지도·관리하기 위하여 노력하도록 했다. 또 필요한 경
우 범국민적 차원에서 인성교육의 중요성에 대한 인식을 공유
하고 이들의 참여의지를 촉진시키기 위하여 언론(방송, 신문,
잡지 등 정기간행물, 뉴스통신 및 인터넷신문 등을 포함한다)
을 이용하여 캠페인 활동을 전개하도록 노력하도록 했으며 인
성교육의 확대를 위하여 필요한 분야의 전문인력을 양성을 위
하여 교육 관련 기관 또는 단체 등을 인성교육 전문인력 양성
기관으로 지정하고, 해당 전문인력 양성기관에 대하여 필요한
경비의 전부 또는 일부를 지원할 수 있도록 했다.

인성교육진흥법 제2조 2항에서 인성교육의 목표로서 인간으
로서 올바른 마음가짐이나 사람됨에 관련되는 예(禮), 효(孝), 정
직, 책임, 존중, 배려, 소통, 협동 등 8가지 핵심 가치·덕목을 규
정하고 있다.

첫째. 예. 사람과의 관계에서 마땅히 지켜야 할 도리(에티켓)로 상대의 마음을 다치지 않도록 공손한 마음가짐을 표현하는 말과 행동에 대한 약속이나 규범을 지키는 것이다.

둘째. 효. 낳아주고 길러준 부모를 공경하고 섬기는 인간으로서 가장 기본적이고 중요하게 여겨온 덕목이다. 우리 전통 속에서 지켜온 최고의 가치로서 만행의 으뜸으로 여겨왔다. 가정과 사회와 국가를 지탱하는 근간이다.

셋째. 정직. 마음에 거짓이나 꾸밈이 없이 바르고 곧음을 뜻하며 선천적으로 타고나는 성격 요인이다.

넷째. 책임. 어떤 일에 관련되어 그 결과에 대하여 지는 의무나 부담. 그 결과로 받는 제재이며 자제능력이나 공동 목표의 성취와 협조에서 생긴다. 사적 책임과 공적 책임이 있다.

다섯째. 존중. 상대를 높이어 귀중하게 대하며 이는 자신감에서 형성된다.

여섯째. 배려. 도와주거나 보살펴 주려고 마음을 쓰는 것으로 타인과 밀접한 관계 속에서 타인의 감정을 고려하고 적극적으로 수용하는 데서 생긴다.

일곱째. 소통. 사람과의 관계에서 대화나 느낌, 정서적인 교감이 서로 통하고 오해가 없이 원만하게 이뤄지도록 한다

여덟째. 협동. 개인주의가 만연하여 가정과 사회가 흔들리고 있다. 혼자하기 보다 함께 협력하는 집단적인 행동을 통해 더 나은 성취나 만족을 가져다주며 지적, 정신적 성장에도 도움을 준다.

우리 교육은 홍익인간 이념아래 자아완성과 세계평화, 상생 공영에 기여하고 봉사하는 위대한 한민족 교육의 큰 뜻을 내세

우고 있다. 그러나 우리나라는 오랜 전란과 일제강점기, 전쟁을 겪고 급속한 산업화의 물결 속에서 정신보다 물질 위주의 가치관의 범람 등으로 인성이 무너지고 있다. 당장 먹고살기 위해 활용할 수 있는 지식과 경제논리 때문에 인성교육은 뒷전으로 밀려버렸다. 21세기는 공생, 공영 공역주의 시대이다. 인성교육은 더불어 살아가는 능력을 길러주는 교육이다. 인성은 도덕보다 더 포괄적이고 고차원적이다. 예, 효, 정직, 책임, 존중, 배려, 소통, 협동을 기르는 인성교육의 완성을 통해 동방예의지국으로 칭송받던 아름다운 미덕의 나라로 회복할 수 있고, 지식강국, 기술강국, 인성강국을 이루어 세계인류를 선도할 수 있다.

초 · 중등학교 인성교육

　학교와 학생과 학부모가 함께하는 교육이 중요하다. 학교에서는 선생님들이 교과서 중심으로 지적 교육만을 해왔다. 그러나 인성교육을 위해서는 실천하는 능력을 갖게 하는 교육이 필요하다. 숙제를 내줄 때 교과서 중심에서 복습 예습에만 중점을 두지 말고 좋은 일을 하는 숙제를 내 주고, 발표를 하게하고 상을 주고 칭찬을 해 준다면 더 칭찬 받는 일을 하려고 할 것이다. 할아버지, 할머니, 아버지, 어머니에게 칭찬 받는 일을 하고 오라는 숙제를 내 준다면 등을 긁어 드리든지, 신발을 닦는다든지, 밥그릇을 치운다든지, 화분에 물을 준다든지, 스스로 찾아 할 수 있도록 하고 전체 앞에서 발표하게 하고 상을 주고 칭찬을 해 주면서 칭찬받은 내용을 (한주, 한달)기록으로 남기게 한다면 새로운 인성교육 문화로 인성을 키워나갈 수 있을 것이다. 고학년이 되면 사회봉사(부모와 같이) 주1회 아니면 월1회 가족이 함께 노인정이나 양로원, 장애인 단체 등에 가서 봉사 활동을 하고 온다면 봉사문화가 활성화 될 것이다.

자녀교육을 위해 학부모에게 충분히 설명을 하고 협조를 구해 봉사활동을 함께하는 교육을 한다면 인성이 자라고 결실이 맺어질 것이다. 인성이란 육신의 성장과 같이 인성도 형성되고 성장하는 기간이 필요한 것이다. 세 살 버릇이 여든 간다는 말이 있듯이 초등학교부터 인성교육을 한다면 성인이 되어서도 가족과 사회를 위하는 생활을 하는 사람이 될 것이다. 이렇게 된다면 학교폭력이 줄어들고 왕따가 줄어들고 좋은 학교문화가 형성될 것이다. 우리 사회에 다문화가정이 많아지고 다문화가정에서 태어난 아이들이 학교에서 친구들과 어울리기가 어려운 것이 현실이다. 문제 해결 방법은 인성교육 밖에 없다.

　인간은 물질로 된 몸(육체)과 비물질인 마음과 정신으로 구성된다. 몸이 생존하기 위해서는 대사작용을 해야 하고 세포와 조직체의 기능이 정상적으로 작용을 해야 한다. 이와 같이 마음도 7가지의 성품 7성이 정상적인 작용을 할 때 건강한 마음을 가질 수 있고 행복을 느끼게 될 것이다. 인성교육(7성 교육)을 통해 완전한 인간, 완성된 인간을 만드는 교육이 인성 교육이란 점을 논 한 바 있다.

　중고등학생 인성교육 방안은 7성에 대한 이론교육과 실천(체험) 교육을 해야 할 것이다. 지성교육, 덕성교육, 심성교육, 영성교육, 선악성 교육, 신성 교육, 감성교육 7가지 인성교육 외에도 공익성 교육, 국가관 교육, 생명 존엄 교육, 인류애 평화관 교육 등을 통해 인성을 가진 사람을 만들어 낼 수 있다.

　일상 생활 주변에서 쉽게 할 수 있는 봉사활동은 개인이나 단체 공동으로 하거나 자기가 하고 싶은 봉사활동을 하게 해서 자기개발과 사회성을 갖게 한다면 좋은 인성을 배양하고 인재로 키워나갈 수 있을 것이다. 우리의 몸이 20여년 성장해야 성인이 되듯이 인성도 20년 이상 배우고 실천하며 성장시켜야 사람이 되는 것이다. 올바른 인성교육이 오늘날 치열해진 국제사회에 큰 경쟁력이 될 것이다.

인성의 요체는 마음이다

마음(心)이란? 사람의 몸에 깃들여서 지식, 감정 의지 등의 정신활동을 하는 것 또는 시비 선악을 판단하고 행동을 결정하는 정신활동이라고 사전에 쓰여있다. 마음이란 행동을 하게 하는 정신작용이기 때문에 중요한 것이다. 어떤 마음을 갖느냐가 중요한 것이다. 그렇다면 이렇게 중요한 마음이 어떻게 만들어지는 것이냐를 알아볼 필요가 있을 것이다.

마음은 어떻게 만들어 지나?

마음이란 이목구비와 체(몸)를 통해 들어오는 정보에 의해 의식이 생기고 의식과 감성·감정에 의해 만들어지는 것이 마음이다. 그러므로 마음이란 절대적인 것이 아니라 변하는 것이다. 마음이 변하는 것은 이목구비·체를 통해 들어오는 정보가 다르고 선입견이나 감정에 따라 달라지기 때문에 마음이 달라지는 것이고 마음은 이기적이어서 이권을 놓고 달라지는 경우가 많다. 사람이 인간관계를 맺고 살아가는데 있어서 신뢰가 절대 필요한데 마음이 변하기 때문에 배신을 하고 각종 사회악이 일어난다. 그렇게 때문에 인성교육을 통해 믿을 수 있는 사람, 진실한 사람을 만들어야 할 것이다. 진실한 사람이란 마음이 정직한 사람이기 때문에 마음을 모르면 정직한 사람을 알수가 없다.

이해를 돕기 위해 예를 들자면 우리의 몸은 에너지를 만들어 내는 오장이 있고 사람들에게 보여지는 이목구비가 있다. 활동을 하는 사지 백체가 있듯이 우리의 마음은 그냥 마음이 아니라 마음은 7가지의 성으로 구성되어 있고 7가지 기능의 작용을 한다. 7성이란 이성, 지상, 덕성, 선악성, 영성, 신성, 감성을 말하는 것이다. 마음이란 볼 수가 없는 것이고 특정이 불가능한 것이다. 마음이 중요하기 때문에 마음을 연구하는 심리학의 발달로 마음에 관한 많은 연구가 되어 있으나 아직 가야 할 길이 멀다는 생각이 든다.

마음은 이기심과 이타심으로 되어 있다

이기심은 자신만을 생각하는 마음인데 이기심이 있기 때문에 개체를 보호하고 발전시켜 나갈 수 있는 것이다. 이기심은 생존본능에서 오는 자기를 보호하고자 하는 본성이다. 이기심 자체가 나쁜 것은 아니다. 이기심으로 딴 사람에게 피해를 준다면 그때 죄가 되는 것이다. 그러나 이기심은 자기를 위해 필요한 본성이지 딴 사람에게 해를 주기 위해 사용해서는 절대 안 되는 것이다.

이타심은 자신보다 상대를 위해 주는 마음이다. 이기심이 자신만 생각하는 마음이라면 이타심은 상대(전체)를 위해 주고자 하는 마음 곧 공익심이라 할 수 있다. 공동체 사회에서 공동체를 위한 공익심이 필요한 것이다. 이는 사람뿐만 아니라 동물이나 곤충도 공동체 의식이 있다. 공동체 의식이 있기 때문에 공동체가 유지되고 더불어 생존하는 것이다.(예, 벌, 개미, 기러기 등) 우리가 가정이나 사회생활을 위해서는 공동체 의식이 필요한데 상대를 배려하고 양보하는 생활이 필요하다. 가정에서는 사랑이고 사회에서는 윤리와 도덕심이고 국가에서는 애국심이다. 인성교육을 통해 이기심과 이타심, 공익성 교육을 해야 할 것이다.

인성의 장애

인간은 몸(육신)과 마음(정신)으로 되어 있는데 몸(육신)은 이목구비가 그 기능이 다르고 기능이 작용을 잘하면 건강한 사람이다.

그러나 어느 한 부분이라도 기능을 못하면 정상인이 아니다. 완치될 가능성이 있는 사람은 환자라고 할 수 있지만 기능이 마비된 사람은 장애인이다.

이와 같이 마음은 7가지 기능을 가지고 있는데 기능이 작용을 못하고 있다. 예를 들자면 측은지심 '불쌍한 사람을 보면 측은지심이 생기는데, 측은지심이 생기는 것은 도와주라는 마음의 작용인데 행동에 옮기지 못하는 것은 마음에 이상이 생긴 것이고, 측은지심이 작동이 안되는 사람은 마음(정신)의 장애인이다.

마음의 7가지 기능 심성, 지성, 덕성, 선악성, 신성, 영성, 감성이 있는데 기능과 작용을 모르고 사는 사람은 정상적인 사람, 인격자가 될 수 없는 것이다.

선진국의
인성교육

미국

자유와 인권, 평등, 법치교육을 우선하고 있다. 역사를 통한 인성교육, 노예해방과 흑백차별을 극복한 살아있는 인권 교육이며 또한 공동체 교육의 중심이다.

독일

2차 세계대전후 나치 독재에 대한 치열한 반성과 자유민주주의를 중시하는 여기에 기반하는 총체적인 인성교육을 실시하고 있다. 부모들은 아이들이 건강하게 잘 놀도록 하면서 인간관계, 협동심, 리더십, 정서 등을 배우게 한다.

아이들의 자유롭게 창의성을 발휘하도록 하는 교육에 독일의 미래를 걸고 있다.

영국

인성교육을 위해서 부모와 학교, 종교, 사회단체 등과 협조하면서 인성교육을 하고 있다. 왕실에 인성교육 담당 부서를 두고 있다. 수준 높은 민주주의 사회를 유지하면서도 국가 자존심과 명예의 상징으로 왕실을 보존하고 있다.

프랑스

세계에서 가장 아름다운 문화·예술을 꽃피운 나라로 손에 꼽히는 프랑스는 자유로운 창작과 창의성을 키워주기 위해 인성교육에 큰 비중을 두고 있다. 인성교육에 들어가는 비용의 70%를 국가에서 부담하고 있다.

호주

공식적인 가치관교육을 위한 교육정책을 수립하고 9가지를 규정하고 있다. 또한 과거 영연방으로서 백인 우월의 백호주의를 지켜오던 전통을 버리고 다민족·다인종 국가로서 인성을 키우는 새로운 민주시민교육을 실시하고 있다.

핵심 가치로 관심과 연민, 최선을 다하는 자세, 공정한 과정, 자유, 정직과 신뢰, 진실성, 존중, 책임감, 이해와 관용과 포용을 가르치고 있다.

핀란드

북유럽의 핀란드는 세계에서도 모범적인 인성교육 강국이다.
학생들에게 사회참여의 기회를 많이 부여한다.
자발적 참여와 리더십, 협동심, 책임감을 키워준다.
교과교육 편성 주체별 체험활동을 한다.

일본

도덕교육을 중시하며 철저한 질서와 준법정신·협동심을 강조하는 인성교육을 오래전부터 실시하고 있다. 메이지 유신으로 아시아에서 가장 먼저 근대화를 이루었고, 제2차 세계대전의 패전에도 오늘날 경제 발전을 이룬 근간이다.

인성능력 계발 교육론

서론	1. 교육의 필요성 - 사람은 어떤 교육 - 어 2. 어떤 교육이 필요한가? 　　①학문교육-지식, 학자　②기술교육-			
육체의 구성	산소	수소	질소	탄소
육체의 기능	이식	안식	비식	설스
마음의 구성	본성 (심성)	지성	덕성 측은지심	선악
기능, 기준	양심	교양 겸손	덕행	의행
영혼의 구성요서	기운	기	기	기
개발 육성교육	양심교육	교양교육	덕행교육	선행교
5. 단계교육론	①태중교육 ⇓ 부부가 함께		②가정교육 ⇓ 사랑, 존경, 양ㅗ	

관 결정 - 살아간다

- ③인성교육-사람-인격자

큼	인	철	
	의식 (뇌식)	말나식	아뢰야식
	영성	감성	①仁-측은지심-사랑 ②義-수오지심-의협심 ③禮-사양지심-양보 ④智-시비지심-현명 ⑤信-신뢰-오상이다
	영통,신령	이해력	
	기	기	정보와 에너지의 체
육	영성교육 (기도)	예술성 교육	신인일체가 된다
학교교육		④종교교육	⑤사회교육
⇓		⇓	⇓
, 기술, 인성		하나님 영계	공익성, 인류애 평화관

제5장

기의 환원으로 본 인성교육

기의 환원

사람은 날 때부터 인격적으로 성숙하지 못하므로 자라면서 부모나 학교에서의 교육이나 종교, 도의 수행으로 인격이나 인성을 차차 갖추어가기 마련이다. 이러한 인격, 인성은 인간의 생애를 통해 순환이 이뤄진다고 본다. 이런 의미에서 기의 순환이 이루어지고 있다고 할 수 있다. 부모로부터 태어나서 인

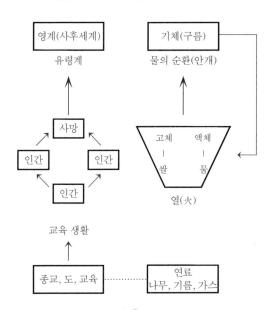

격과 인성을 배워가면서 인간다움을 완성해 가는 과정이 반드시 정방향으로 나갈 수는 없으므로 때로는 그릇된 가르침, 그릇된 배움으로 인하여 타락하기도 한다. 그러다가 올바른 교육, 종교적 감화, 도의 수행, 자기반성 등으로 탈바꿈하기도 한다. 이는 고체, 액체, 기체 같은 사물이 기화나 액화 등으로 순환하여 끊임없이 재창조되는 것도 자연의 기로 본다면 기의 환원이라고 할 수 있다.

바른 사람	그릇된 인간
1. 仁 측은지심을 가지고 산 사람	1. 물질의 소유욕 위해 산 인간
2. 義 수오지심을 가지고 산 사람	2. 권력욕 위해 산 인간
3. 禮 사양지심을 가지고 산 사람	3. 성욕을 위해 산 인간
4. 智 시비지심을 가지고 산 사람	4. 자(자기)만 위해 산 인간
5. 信 신뢰지심을 가지고 산 사람	5. 가면을 쓰고 산 인간
6. 德 도덕지심을 가지고 산 사람	6. 동물 본성적으로 산 인간

올바른 삶

어떤 가치관을 가지고 사는 사람이 올바른 가치관으로 사는 사람일까?

우리 전통으로 지켜온 유교 덕목의 하나인 인·의·예·지·신 교육을 통해 실천하는 방법도 그 중 하나다.

仁 – 측은지심을 가지고 실천하면서 사는 사람

아무리 측은지심이 있다 하더라도 덕을 베풀지 않는다면 이는 도덕성에 문제가 있는 사람이다. 법적인 죄는 물을 수 없다 하더라도 도덕성은 물을 수 있는 것이다.

인성교육이란 도덕성 교육을 통해 양심의 가책을 느끼도록 하는 교육이 되어야 할 것이다.

義 – 수오지심 교육이 필요하다.

사람이란 부끄러움을 알고 의분심을 가지고 살아야 하는데 잘못을 해 놓고도 부끄러움을 모르니 금수와 무엇이 다르겠는

가. 그뿐 아니라 불의를 보고도 외면해 버리는 사회가 되어가고 있으니 어찌 사람이 사는 사회라 할 수 있겠는가. 사회정의를 위한 사람은 보상을 크게 해 주어서 정의문화를 활성화해 나가게 하는 교육이 인성교육이 되어야 할 것이다.

禮— 사양지심

우리 민족은 예로부터 예를 숭상하는 동방예의지국이라고 했다. 예란 인간관계에 있어 기본이면서 중요한 것이다.

인사부터 말 한마디 행동 가짐, 상하 전후 좌우 인간관계에 가장 중요한 것이 예란 점이다. 인성교육에 예 교육이 차지하는 비중이 큰 것이다. 뿐만 아니라 예에 있어 사양지심이란 중요한 것이다. 사양지심이란 상대를 배려하는 마음이기 때문에 상대를 기쁘게 해 주는 것이다. 양보하고 감사하는 마음을 행동으로 옮기는 것이 예인 것이다. 禮 실천 교육이 인성교육이 되어야 할 것이다.

智— 시비지심

세상을 살아가는데 지식이 중요하지만 그보다 더 중요한 것이 지혜이다. 지식을 가진 사람이 망할 순 있으나 옳고 그름을 가릴 줄 아는 지혜를 가진 자는 망하지 않는다. 솔로몬과 같은 지혜의 왕이 되라. 지혜 교육이 필요하다.

信― 신뢰지심

　인간관계에 있어서 신뢰란 가장 중요한 덕목이다. 신뢰란 어떻게 생기는 것일까를 생각해보면 신뢰란 진실의 바탕 위에서 피는 꽃과 같은 것이다. 신뢰란 상대를 위해 줄 때 생기는 것이 신뢰이다. 신뢰하고 위해 주고자 하는 생활철학을 가지고 생활한다면 어떤 일이든지 성공할 수 있을 것이다. 염려가 되는 것은 우리 사회가 가정에서부터 신뢰가 깨져가고 있다는 것은 심각한 문제가 아닐 수 없다. 불신사회 누가 누굴 믿는다는 말인가. 가정에서나 나라에서 신뢰가 무너지고 불신풍조가 바이러스처럼 번져가듯 번져간다면 모두 파멸하고 말 것이다. 우리는 인성교육을 통해 가정에서부터 신뢰를 쌓아야 하도록 더 나아가서는 사회국가간에 신뢰를 통해 평화의 세계를 만들어가야 할 것이다. 인류 행복과 세계평화는 인성교육과 공익성교육 그리고 인류애 평화관 교육이 해법이다.

잘못된 삶

인간의 삶에는 올바른 삶과 잘못된 삶을 살아가는 인간들로 구분할 수 있다. 결론부터 정의를 한다면 인간(동물적) 가치관을 가지고 살아가느냐 사람의(도덕적) 가치관을 가지고 살아가느냐로 올바른 삶이냐 잘못된 삶이냐를 정의 할 수 있을 것이다.

인간의 (동물적) 가치관을 가지고 살아가는 삶의 5가지.

물질의 소유욕을 위해 사는 사람

물욕을 위해서는 부모 형제보다 물질의 가치를 위에 두고 사는 사람 물질(돈) 때문에 부모와 형제를 버리는 삶은 잘못된 삶이다. 이러한 삶을 살아가는 것이 인간(동물적)이다.

권력을 위해 사는 인간

권력을 위해서는 도덕이나 윤리와는 상관없이 살아가는 삶은 잘못된 삶이다. 권모술수, 중상모략을 해서라도 권력을 잡아야

하겠다는 가치관을 가지고 사는 것은 인간(동물적)의 잘못된
삶이다.

성욕을 위해 사는 인간

누구나 가지고 있는 것이 성욕인데 사람의 기준이 되는 도덕이
나 윤리를 무시하고 성욕을 채우려는 인간은 사람이 아니다. 가
장 고귀한 것이 성인데 성을 매매하려고 한다든가 강제로 성폭
행을 하는 것은 동물적 가치관을 가진 잘못된 삶이다.

자기만을 위해 사는 사람

오직 자신 밖에 모르는 놈을 나쁜 놈이라고 한다. 이는 잘못
된 삶의 가치관이다.

가면을 쓰고 사는 사람

위선적으로 사는 삶은 잘못된 삶이다.

어떤 종교가
필요한가?

종교는 신앙을 기본으로 하며 절대자인 신을 의지하고 앙모해가는 과정이다. 종교에 의지하는 이유는 인간은 누구나 불완전성을 갖고 있음으로 이를 극복하고 채워나가려는 마음에서 출발한다. 자신의 불완전성을 절대자로부터 보호받고 구원을 받으려고 하는 것이다. 종교도 추구하는 목적에 따라 단순한 기복을 목적으로 하는 기복 종교와 개인과 사회의 안정과 평화를 위한 고급 종교로 구분하기도 한다.

사회의 안정과 평화를 위한 고급 종교가 필요

20세기까지의 종교는 기복을 목적으로 하는 종교이고 신앙을 굳건히 해야 구원을 받고 사후에 천국이나 극락왕생 한다고 하면서 신앙을 강조해 왔으나 21세기는 20세기 종교를 대신할 고급종교가 나와야 한다.

가정에 충실하고 공익정신을 가지고 사회봉사를 목적으로 하는 종교인성 교육을 통해(전인) 인격자를 만들어가는 종교가 나와야 할 것이다. 인격자가 되고 사회봉사를 하고 제시한 7성을 행하게 되면 천국이나 극락에 가는 것이지 종교신앙을 잘해야 천국에 가고 후손이 잘 되는 것이 아니라는 점을 다시 한번 강조해 두고자 한다.

예를 들자면 앞서 언급했듯이 물의 순환을 보면 온도에 의해물이 되고 0도 이하가 되면 얼음(고체)이 되고 열을 가하면 증발을 하는 수증기가 되어 공중으로 올라갔다가 다시 온도에 의해 비나 눈이 되어 지상으로 떨어진다. 이렇듯 사람은 7성을 행함으로(7성에 의해) 복도 받고 행복해 질 수 있고 사후 천국이나 극락을 가는 것이다.

어려서(미성년)는 부모가 보호를 하면서 책임을 져야 하지만 성년이 되면 자신이 책임을 져야 하듯이 20세기 까지는 인류의 잘못을 책임져 줄 구세주나 종교가 필요했기 때문이었고 사명자들에 의해 인류가 이끌어져 왔으나 21세기는 성년의 시대이기 때문에 현재와 같은 구세주나 종교가 필요 없는 것이다.

인지의 발달로 현재와 같은 구세주와 종교가 필요 없는 시대가 되었다는 사실을 알아야 할 것이다. 구세주와 종교에 의해 구원이 되고 소원이 성취되는 것이 아니라 자기 문제는 자기가 해결해야 하는 성년의 시대라는 사실을 알아야 할 것이다. 이러한 시대변화를 모르고 20세기 이전 시대에서 벗어나질 못하고 신이나 종교에 의지를 해서 문제를 해결하고 소원을 이루겠다는 신앙은 소아적 신앙이란 점을 알아야 할 것이다. 소아적 신앙에서 벗어나지 못한다면 사이비 종교나 도인들이라는 사람들에게 사기를 당하고 패가망신을 당하는 일들이 일어날 것이다.

평생의지 했던 종교나 종교 지도자들에 의해 피해를 당하고 불행해지는 피해자들이 많이 나올 것이다.

이러한 시대변화를 알고 시대에 맞는 신앙 생활을 해야 할 것이다. 다시 말해, 종교중심 신앙시대의 중심은 구세주와 도인들이었으나 생활 신앙 중심시대의 교회는 가정이 되는 것이고 신(하나님)은 부모가 되는 것이고 가족이 되는 것이다.

부모를 모시고 행복한 가정을 만들어가는 것을 교육하고 실천하는 종교와 신앙이 최고의 올바른 종교이고 신앙이란 점을 알아야 할 것이다. 신(하나님)을 대신해 주는 것이 부모이고 가족이다. 행복을 종교에서 찾으려 하지 말고 자기 가정에서 찾으라고 권해 드리고 싶다.

21세기 사람답게 성인답게 지성인답게 가정을 중심한 생활 그리고 공익성(국가관)을 가지고 글로벌 시대에 맞는 신앙인이 되고 세계인이 되어야 할 것이다.

삶의 지혜

사람이 살아가는데 필요한 것을 말하라고 한다면 수로 헤아리기 어려울 만치 많이 있는데 그중 물질(부)을 제일로 생각하기가 쉽다. 특히 자본주의 사회에서 경제란 삶이고 행복이라고 표현을 해도 과한 표현이 아닐 것이다. 그렇다면 경제(물질)가 삶의 목적이냐고 한다면 그것은 아니라고 할 것이다. 물질은 살아가는데 필요한 조건이지 목적이 아니다. 그렇다면 삶의 목적은 무엇일까?

삶의 목적은 행복이다.

사람들의 수단과 방법을 가리지 않고 가지려고 하는 모든 행동은 행복을 위해서이다. 사람은 행복을 위해 가지려고 하는 것이다. 그런데 문제는 가지려고 하는 방법이 정당한가 하는 것이다. 정당한 방법과 노력의 가치가 행복이어야 한다. 따라서 행복은 순간이 아닌 영원하고 자손만대 이어지길 바라는 것이다.

지난 날을 돌아보면서 앞으로의 삶을 생각해 보자.

삶의 결과를 돌아볼 때 갖고자 했던 것들을 가지고 있는지 정당한 방법과 노력으로 얻은 것인지 내가 가지고 있는 것으로 만족하고 행복하다고 생각하는 사람이 얼마나 되겠는가?

사람은 막연하지만 더 행복해지고 싶은 생각을 하고 살아가는 것이 사람들의 삶이다. 인류역사는 더 나은 삶을 위해 살고자 하는 사람들에 의해 발전해 왔고 발전해 갈 것이다.

그렇다면 행복의 기준은 무엇이고 한계는 어디까지일까? 사람의 욕망·욕심은 끝이 없다고 하지 않는가? 월세 사는 사람은 전세, 전세 사는 사람은 내 집, 그 소원을 이루면 더 큰집, 더 좋은 집, 모든 것이 이러하다.

행복의
기준과 조건

행복의 기준

행복의 기준은 사람에 따라 다르기 때문에 '이것이다'라고 '여기까지'라고 주장하기는 어렵겠으나 소망과 믿음과 사랑 그리고 물질을 가지고 있는 사람이라면 행복한 사람이라 할 수 있지 않을까?

행복의 조건(소망 믿음 사랑 물질)

사람은 누구나 소망을 가지고 살아간다. 뿐만 아니라 소망을 이루기 위해 노력을 하고 그 결과가 나올 때 만족을 느끼면서 행복감을 갖게 되는 것이다. 그러므로 행복의 조건이 소망이다. 소망이 있는 삶이라야 삶이다. 소망이 없다면 살아 있어도 죽은 것이나 다름없는 삶이다. 그렇다면 나는 어떤 소망을 가지고 있는지 그 소망을 이루기 위한 노력의 결과가 보이는

지 살펴볼 필요가 있을 것이다. 우리 국민과 인류가 건전한 소망을 가지고 소망을 이루기 위한 설계를 하고 삶을 살아간다면 행복한 국민, 행복한 인류가 될 것이다.

소망을 이루기 위한 노력에는 믿음이 있어야 한다. 확실한 믿음과 신념을 가지고 노력하는 사람에게 소망의 여신은 미소를 지을 것이다. 소망을 이루기 위한 믿음을 가지고 노력을 하게 되면 사랑을 하게 될 것이다.

사랑은 창조의 힘을 가지고 있기 때문에 불가능도 가능하게 만드는 것이다. 소망은 믿음을 낳고 믿음은 신념을 만들고 신념은 사랑의 힘을 만든다. 그러므로 행복을 만들어가는 소재는 소망과 믿음과 사랑이다. 소망은 창조의 근원이고 믿음은 진실과 노력의 원동력이며 사랑은 행복의 어머니이다.

나는 행복을 위해 어떤 소망과 믿음과 사랑을 가지고 있는가. 소망에 미치라. 믿음에 미치라. 사랑에 미치라. 소망에 미치고 믿음에 미치고 사랑에 미치면 행복을 얻을 것이다. 삶의 목적 행복한 삶이 인생의 동반자가 될 것이다. 소망과 믿음과 신념 그리고 사랑을 삶의 동반자로 만들라.

넓은 세계로
나가라

누에를 보면 먹고 자고 먹고 자고 하면서 일정기간 자라면 몸에서 나오는 실로 집을 짓고(고치) 그 안에서 생을 마친다. 그러나 집을 뚫고 나오면 나방이 되어 무한대의 공간에서 새로운 삶을 살아가는 것이다. 이와 같이 사람은 자기가 만든 집(틀)속에 갇혀서 생을 마치는 사람이 대다수이다. 그런가 하면 집도 못 짓고 생을 마치는 사람이 많다. 사람은 세상에서 생을 살면서 진리가 무엇인지 생이 무엇인지도 모르고 살다 생을 마치는 사람과 진리의 완성체가 되어 자유인이 된 사람으로 분류할 수 있다.

참 진리를 깨닫고 그 진리에서 해방이 되어 모두가 공유할 수 있는 세계로 나와야 하는데 언급했듯이 대다수의 종교인, 도인들이 그 틀을 벗어나지 못하고 진리 제도의 노예가 되어 불쌍한 생을 사는 사람은 넓은 자유의 세계에서 참 행복을 모르는 사람이 아닐까?

학문의 노예로 사는 사람, 권력의 노예로 사는 사람, 신앙의 노예로 사는 사람, 모두 자유인이 되어야 참 행복을 맛볼 수 있을 것이다.

진리에서 해방된 삶을 통해 행복을 만들어 보라.

진리에서 해방(자유인)된 사람은 생의 목적과 공익심과 양심을 가지고 사는 사람으로 행복을 말 할 수 있는 사람이다.

물은 바다로 인류는 세계로

산골짜기에서 흐르는 물이 개천이 되고, 개천에 흐르는 물이 강을 만들고 강물이 바다로 흘러 들어가면 바닷물이 되는 것이다. 어니에서 흘러 왔느냐는 중요한 게 아니라 바다라는 넓은 무대가 공동무대라는 것이다.

이와 같이 민족, 국가, 수많은 종교가 모두 내 것이라고 주장하면서 대립하고 싸워왔으나 21세기 세계화 시대를 맞아 세계라는 넓은 무대로 모두 나와야 할 것이다. 강물이 짠맛으로 바닷물이 되듯이 민족사상이나 종교를 초월하고 모든 틀에서 벗어나 자유인이 되어야 세계라는 사랑의 바다에서 만날 수 있다.

우주의 기와 사람의 기

기는 형태를 바꾸어가면서 순환을 하고 기의 순환의 원리에 의해 생명체가 생존하는 것이다. 물은 생명의 근원인데 0도 이하로 내려가면 고체가 되고 열을 가하면 기체(수증기)가 되어 공중으로 올라가고 구름이 되어 다시 비나 눈으로 형체를 바꾸어 지상으로 떨어지는 것이다.

이러한 기의 순환원리에 의해 지구상의 생명체가 생기고 자연이 형성된 것이다. 우주는 중력에 의해 존재하고 사후세계는 업력에 의해 천국이나 지옥에 간다.

우주(공간)에는 기가 꽉 차 있다. 기를 구분해 보면 천기, 공기, 지기, 수기, 물기(物氣), 화기, 전기, 향기, 냉기, 온기가 있다. 이는 모두 생기(生氣)이다. 모든 생명체는 기의 조화를 통해 생겨나고 소멸되는 것이다. 우리가 지상에서 욕심을 가지고 건강하게 살기 위해서는 기를 균형 있게 잘 받아들이고 몸 안에서 만들어지는 사기는 배출을 해내야 하는 것이다. 건강을 위한 기 호흡법이 단전 요법이다. 호흡만 잘하면 건강을 지킬 수 있다. 천기를 받기 위해서는 명상을 통해 하나님으로부터 우주로부터 오는 천기를 받아야 하고 그 위의 기를 받기 위한 노력을 해야 할 것이다.

인체의 기

우주와 대자연에 생명체가 필요로 하는 기가 있듯이 우리 체내에도 기가 있다. 우리 체내의 기를 살펴보면 생기, 사기, 용기, 심기, 양음기, 정기, 끈기가 있다. 자신을 돌아보면서 부족한 것을 채워 나가는 노력이 필요하다. 생기는 창조성, 발전성, 사기는 의욕, 용기는 대담성, 양음기는 사랑, 정기는 자연에서

오는 기로서, 사람이 성공하기 위해서는 좋은 정기를 타야 한다는 말이 있다. 면장을 해도 논두렁 정기라도 타고나야 한다는 말이 있듯이 정기가 필요하다.

끈기는 노력이다. 정해놓은 목적을 이루기 위해서는 끈기가 필요하다. 집념과 끈기를 가지고 노력을 통해 이루어지는 것이다. 언급했듯이 우리가 필요한 부분에 무엇이 부족하고 부족한 것을 채우는 방법이 인성교육이다. 부족한 것을 채워서 모자람이 없는 삶과 능력 있는 삶을 살아야 할 것이다. 인성교육은 행복으로 안내해 주는 가이드와 같은 것이다. 어려운 세상을 살아가려면 용기가 있어야 하는데 용기가 부속한 사람은 발전(성공)하기가 어려운 것이다.

용기를 가지고 기업을 해서 성공한 사람이 고 정주영 현대그룹 회장이고 용기를 가지고 혁명(쿠데타)을 해서 우리나라를 잘 살게 만들어 준 사람이 고 박정희 대통령이다. 또한 용기를 가지고 민주주의를 지켜낸 사람들이 민주화운동에 헌신한 이들이다. 반면, 우리가 세상을 살아가는데 백해무익한 것은 혈기이다. 혈기는 사기(死氣)이다. 참는것이 절대 필요하다. 끈기 역시 중요하다. 예를 들자면 606호라는 약이 있는데 605번 실패하고 606번째 실험에 성공을 해서 606호라는 약을 만들어 낸 것이다.

끈기와 집념이 중요하다. 집념과 끈기 있는 사람이 성공하고 이러한 민족이 선진국이 되고 세계를 이끌어갈 것이다.

한국인의
삶과 죽음

우리나라 자살율 왜 높은가

우리나라는 G20에 들어갈 정도로 경제적 부를 누리고 있는 나라라고 한다. 그런데 2015년 10월 3일 복지부 발표에 의하면 2007년부터 2011년 까지 5년 동안 자살한 사람이 71,916명 이라고 한다. 1년에 14,000명 월 1,200명 1일 40여명이라니 기막힌 통계가 아닐 수 없다. 죽는 이유는 여러 가지 이유가 있겠으나 생활고 문제와 희망이 없다고 생각하기 때문이라는 놀라운 사실이다.

죽는 목적은 무엇일까?

죽는 사람에게 왜 죽냐고 물어본다면 대다수의 사람은 죽는 목적을 모르고 죽는다. 그런데 죽는 목적을 잘못 알고 죽는 사람들이 있다. 자살하는 사람들이다. 자살하는 사람들의 공통

점은 이 세상에서의 고통을 불행에서 벗어나려고 죽는 것이다. 죽으면 세상에서의 모든 고통이 끝이 나는 것으로 잘못 알고 자살을 하는 것이다. 그러나 죽는다고 모든 고통에서 해방 되는 게 아니다. 스스로 목숨을 끊는 자는 이승에서의 고통보다 더 큰 고통이 사후세계라는 죽음 이후의 세계에서 받게 된다는 사실을 알아야 할 것이다.

이 세상에서의 고통(불행)은 이 세상에서 해결하고 가야 하는 것이다. 그렇다면 죽는 목적은 무엇일까? 확실한 생사관을 가져야 한다. 삶보다 더 행복할 수 있는 죽음, 죽음의 소망과 목적이 무엇인지를 알고 죽음을 맞이해야 할 것이다.

이해를 돕기 위해 예를 들어 보기로 하겠다. 농부가 가을에 파종을 했다. 그러나 결실이 있어야 하는데 결실이 없다면 농부는 어떻게 해야겠는가?

농부의 손에 의해 파종된 모든 곡식은 열매를 남겨 놓고 생을 마치듯 사람은 세상에 와서 7성을 통한 결과를 가지고 생을 마쳐야 하는 것이다.

다시 한번 강조하자면 심성, 이성, 덕성, 선악성, 신성, 영성 , 감성의 결과를 가지고 죽음을 맞이해야 하는 것이다. 인간만이 가지고 있는 측은지심이 있는데 덕을 베풀지 못했다면 갈 곳을 못 가고 집 없이 다니는 노숙자와 같이 사후에 유랑하는 생이 시작되는 것이다.

이 세상에서 학문을 많이 했었느냐 권력이나 명예를 가졌었느냐?, 부를 누렸었느냐?, 가정·사랑을 가졌었느냐? 하는 것은 사후 세계에서는 아무 의미가 없는 것이다. 필요한 것은 7성의 결과라는 사실을 알고 인성을 육성시켜 나가야 할 것이다. 사후세계는 종교와는 관계없이 자신의 행위에 의해 가는 곳이다. 인류는 지금까지 생사문제는 종교에서만 다루는 것으로 알고 있는데 생과 사의 문제는 종교가 아닌 인성학으로 다루어야 할 문제이다. 그러므로 인성개발육성 교육은 과학문명보다 중요한 것이다. 다시 한번 강조한다면 가정과 사회 속에서 진리를 찾아 행해야 하는 것이다. 영원한 것은 가정이고 사회라는 점이다. 인성교육으로 생사의 가치관을 세워야 할 것이다.

이혼율 세계 1위의 불명예

옛부터 우리나라는 동방예의지국으로 이웃나라들로부터 칭송을 받아온 아름다운 문화를 가진 나라이다. 우리나라 가족제도는 세계가 부러워 할 정도로 아름다운 제도라고 하는 것이다. 그렇다면 세계는 가족제도가 없다는 말인가. 그것은 아닐 것이다. 세계 여러 나라에도 가족제도를 다 가지고 있다. 그렇다면 왜 우리나라 가족제도를 부러워하는 것일까? 그것은 세계가 부러워 할만한 내용이 있기 때문이다.

부모를 모시고 부부가 자녀를 두고 형제간에 우애하면서 정을 나누며 사는 가족과 종족을 형성해 사는 생활이 아름답다고 하는 것이다. 뿐만 아니라 가부장제 하에서도 가정에서 여성의 권위는 남성과 같은 권위를 가졌다.

조강지처와 첩실의 자식들도 차별이 심했다. 그렇듯 우리나라 가정과 가족제도는 부러움을 살 만했을 것이다. 그러나 현재 우리나라는 이상적인 가족제도가 위협을 받고 있다. 성 개방과 간통죄 폐지는 이혼율 증가로 이어졌고 가족이 파산되어 가고 있다는 증거라고 할 수 있다. 우리는 이혼이 흉이 아닌 세상을 살아가고 있다.

어떤 제도든 장단점이 있기 때문에 한 제도를 주장하기는 어렵겠지만 이혼과 재혼보다는 첫사랑으로 맺어진 결혼의 가치를 행복의 절대가치로 인정하는 사회가 되어야 할 것이다. 특히 성윤리의 가치는 모든 사람이 지켜야 할 절대 가치이다. 인성교육을 통해 가정의 가치와 사랑의 가치 순결의 가치를 세워 나가야 할 것이다. 인성교육을 하게 되면 가정이 행복해지고 가정이 행복해지면 이혼이 줄어들고 출산율이 증가할 것이며 청소년 범죄가 줄어들 것이다.

인성교육은 가정을 지키고 이혼율을 줄이고 저 출산을 막고 학교폭력과 각종 범죄를 줄이는 1석5조의 효과를 가져 올 수 있을 것이다.

행복은 선택이다

행복은 선택이다. 아무도 나를 불행하게 만들 수 없다. 행복과 불행은 나의 개인적인 선택이기 때문이다. 행복은 그저 바란다고 기다린다고 오는 것은 아니다. 행복은 날마다 선택하는 것이다. 한 번의 선택으로 행복해지거나 불행해 지는 것은 아니다. 항상 선택해야 한다. 인간은 하루에도 수십 번 행복과 불행의 갈림길에 선다. 행복을 부단히 선택하고 있는 사람에게는 행복한 인생이 온다. 나를 행복하게 만들어 줄 수 있는 것을 의식적으로 선택해야 한다. 행복을 제쳐 놓고 불행을 선택하는 사람은 행복할 자격이 없다. 모든 행복은 행복한 생각에서부터 출발한다.

생각은 눈에 보이지 않는다. 보이는 것은 보이지 않는 것에서 온다. 가식적 현실은 비가식적 생각이 자란 열매이다. 어떤 생각을 심는가에 따라 행복과 불행이 갈라진다. 행복한 생각을 심으면 행복한 행동이 나오고 행복한 행동을 심으면 행복한 습관이 나온다. 행복한 습관을 심으면 행복한 인생이 나온다. 인생은 작은 선택들이 모여 큰 선택이 된다.

"행복은 선택이다. 행복은 습관이다. 불행도 습관이다."

평소에 행복의 선택을 연습하고 있는지 불행의 선택을 연습하고 있는지에 따라 내 행복은 결정된다. 불행을 원치 않으면 불행한 생각을 거부해야 한다.

버려야 한다.

작은 생각 하나도 행복을 선택해야 한다. 불행한 생각을 선택해서 행복해지는 법은 없다. 오늘도 행복한 생각을 선택하라

행복한 생동을 선택하라

행복한 습관을 선택하라

행복한 인격을 선택하라

그러면 행복한 인생을 누릴 것이다.

단 한번 뿐인 인생

인생이 단 한번 뿐임을 잊지 말자

연습도 실수도 용납할 수 없는 절대의 시간이 지난다는 사실을 최후의 날이 반드시 온다는 것을 잊지 말자.

그 날이 오늘 일지 내일 일지 모르지만

그 날이 일순간에 온다는 사실을

시간은 소리 없이 가고 있음을 잊지 말라.

울고 웃는 인생 속에 흐르는 시간들이

소리 없이 지나가고 있다는 사실을

행복이 가장 귀하다는 것을 잊지 말라.

많은 사람들이 성공하고자 시간을 투자하고 산천을 헤매어도 행복이 제일이라는 사실을

무계획 인생은 실패하는 것을 잊지 말라.

하루가 쌓여서 한 달이 되고 한 달이 모여서 일년이 된다는 사실을 새벽의 사람들은 성공한다는 것을 잊지 말라.

새벽의 사람은 책임을 아는 사람이요

그 책임을 아는 사람은 쓰임을 받는다는 사실을.

세상에 와서 무엇을 남기고 가는가?

유전자(자식)을 남기고 간다.

좋은 씨를 남기고 가야 한다.

행적을 남기고 간다.

행적을 기록으로 남기고 가는데 개개인으로 볼 때는 일기나 자서전이 될 것이고 넓게는 역사가 될 것이다. 그러나 대다수의 사람들은 무덤만을 남기고 가는데 근래에는 화장을 하기 때문에 한줌의 재만 남기고 간다.

일(사명)을 남기고 가야 한다

사람은 뜻을 가지고 살아야 한다. 돈을 버는 목적은 쓰기 위해 버는 것 아닌가.

돈을 버는데 성공한 사람은 많다. 그런데 돈을 쓰는데 성공한 사람은 찾아보기 어렵다. 돈을 잘 쓰는 사람이 성공한 사람이다. 성공한 사람은 행복한 사람이라는 뜻을 가지고 살다 뜻을

남기고 가는 사람 그리고 돈을 잘 쓰는데 성공한 사람이 행복한 사람이다. 사명을 남기고 간 사람들이 성현들이다. 사명을 남기고 가라.

'갈 때(죽으면)는 무엇을 가지고 가는가?' 행적(선악)을 가지고 가는 것이다. 행적이란 크게 나누면 선행(덕)과 죄(악행)이다. 세상에서 살면서 가졌던 가정, 물질, 명예, 권력, 지식, 사랑 등 모든 것은 하나도 못 가지고 가는 것이다.

가정, 물질, 권력, 명예, 지식, 사랑 등 때문에 가는 길에 걸림돌이 될 수 있다는 것이다. 논한 것들 때문에 죄를 짓는 것 아닌가? 세상을 살면서 부와 권력을 가진 사람 같이 영계에서 존경 받고 행복한 사람은 덕을 가지고 좋은 일(선행)을 많이 한 사람과 양심적으로 죄짓지 않고 산사람이 가장 좋은 재산을 가지고 가는 사람이다.

세상의 재물, 권력, 명예, 지식, 가정, 사랑을 가지고 죄짓지 말고 덕(선행)을 쌓으면서 양심적으로 사는 것이 올바른 삶이요 이것이 진리의 길이다. 몇 년 쓰지도 못할 것을 위해 살지 말고 영원한 것(양심 선행)을 위해 살자.

생사의 길

인생이란 축복을 받아
행복을 만들어가는 과정

첫 번째 축복은 새생명의 탄생

한 생명이 세상에 탄생한 것은 축복이다. 생명은 부모와 친인척의 무한한 축복을 받으면서 세상에 나온 것이다. 행복을 빌어주는 부모님과 친인척의 축복을 받으며 세상에 와서 행복을 위해 사는 것이 인생이다. 그러므로 출생은 미완성으로 출생해서 완숙한 인간이 되기까지는 2~30년의 성장기간이다. 완성된 인간이 되는 것은 부모님의 보호와 사회와 국가라는 공동체 속에서 협동과 경쟁 속에서 성장하는 것이고 완성을 해야 하는 것이다.

두 번째 축복은 결혼

부모를 중심으로 한 가정에서 독립하여 자기를 중심으로 하는 가정을 만들기 위한 의식이 결혼식이다. 주어진 생을 함께 하기 위한 동반자를 만나 행복을 약속하는 의식이다. 결혼 이후 50년은 부부가 함께 자기 만족의 행복을 위해 살아가야 하는 것이다. 필자가 말하는 가족이란 부모, 부부, 자녀를 말하는 것이다. 가족, 부모, 부부, 자녀의 관계는 영원한 관계이며 서로 책임을 져야하는 관계이다. 행복한 가정이란 가족간의 관계 속에서 만들어지기 때문에 가족의 가치는 영원해야 한다. 행복한 가정을 이루고 사는 가정이 많아질수록 각종 범죄가 줄어들고 청소년의 범죄 또한 줄여갈 수 있다.

세 번째 축복은 죽음이다

인생의 세 번째 축복으로 영생의 길로 가는 죽음은 축복이다. 성장기 2~30년, 결혼 후 가족을 위해 50년을 살게 되면 인생 80이 되는 노년이다. 사람은 세상에서 영생하는 것이 아니고 사후세계(영계)로 가야하는 것이다. 죽음이란 누구도 비켜갈 수 없다. 중요한 것은 죽음이 생의 마지막이 아니라 영원한 생의 시작, 새로운 생의 시작이라는 점을 알아야 한다.

사람은 늙을수록 죽음에 대한 공포심을 가지고 살아간다. 죽음의 공포심에서 해방될 수 있는 방법(진리)은 없을까? 저자는 그 진리를 찾았다. 죽음의 공포에서 해방될 수 있는 진리. 그 진리는 바로 죽음은 창조주 신이 사람에게 주는 세 번째 축복이라는 것이다. 출생은 제1축복, 결혼은 제2축복인 것처럼 죽음은 영계(사후세계)로 가는 축복이란 점을 알아야 한다.

문제는 죽음 이후가 행복해야 하는데 죽음을 위한 준비가 잘 되어있을 때 가능하다는 것을 인류는 잘 깨닫지 못했다. 어머니 모태에서 10개월, 세상에 출생해서 가정을 갖기 위한 2~30년, 자기 가장을 위한 50년이 필요했듯이 영계로 가기위한 기간으로 10년이 필요하다. 80세 이후 90세까지 10년은 봉사를 해야한다. 육체적으로 힘들면 마음으로라도 살아온 생을 정리하고 반성하고 마무리를 잘 하여 자기를 길러준 사회와 국가에 돌려줘야 한다. 이런 마지막 10년간을 영원한 사후세계로 가기 위한 준비기간으로 해야 한다. 종교와 도와는 관계없이 봉사해야 한다. 이런 일을 통해 존경받는 노인으로 살다가 가야 하는 것이다.

노인은 시대가 만든 보물이고 도서관이고 박물관이다. 인생의 산 교사이다. 노인문화의 시대를 열자. 인생이란 축복 속에서 와서 축복을 받으며 살아오다 축복을 받으며 영원한 행복의 세계로 가는 것이다. 죽음은 생명의 끝이 아니고 새로운 생명의 시작이기 때문에 소망을 가지고 기쁨으로 맞이해야 할 것이다.

한 생명으로 세상에 와서 80여년 살면서 알게 모르게 좋은 일과 양심에 가책이 되는 행동도 했을 것이다. 중요한 것은 마지막 10년이다. 이 기간은 영계로 가는 준비기간이니까 지난 삶속에서의 모든 허물과 공과를 털고 반성과 회개를 하며 사회를 위한 봉사를 통해 덕을 쌓고 난 후에 영생이란 소망을 가지고 죽음을 맞이해야 할 것이다. 축복을 통해 탄생한 한 생명이 축복을 받으며 죽음을 맞는 것이야말로 사람으로 태어난 기쁨이요, 행복이 아닌가?

사람이
해야 할 도리

　모든 존재는 이름을 가지고 있는데 예를 들자면 광물, 식물, 동물, 인간, 흙, 물, 공기 빛, 우주 등 모두 이름을 가지고 있다.

　인간이란? 두발로 걸어 다니면서 가장 이지적이고 도덕적 관념을 가진 만물의 영장을 인간이라고 사전에 표기되어 있는데 바꾸어 말하면 이지적이지 못하고 도덕적 관념이 없는 사람은 사람이 아니라는 뜻이 아니겠는가? 또한 사람에 대한 정의를 사람이라면 다 사람이냐 사람이 사람의 도리를 해야 사람이라고 했다. 이 말 뜻도 사람의 도리를 해야 사람이라고 했으니 사람의 도리를 못한 사람은 사람이 아니라는 말이 아니겠는가? 그렇다면 사람의 도리가 무엇인지 도덕적 관념이 무엇인지를 알고 행하는 것이 사람이 해야 할 도리가 아니겠는가.

가정에서의 사람의 도리

한 가정의 자식으로 태어났으니 자식으로의 도리가 있는 것이다. 자식으로서의 도리가 있는데 도리를 못하면 사람이 아닌 것이다. 자식의 도리는 효로 표현을 한다면 효를 못하는 자식은 가정에서 사람의 자격이 없는 사람인 것이다.

효란 부모의 마음을 기쁘게 해 드리는 것이 효자라는 것이다. 어려서는 부모의 뜻을 받들어 드리는 것이 효이다. 어려서는 자기가 자기를 보호하고 위하는 마음보다 부모가 자식을 위하는 맘이 크기 때문이다. 또한 자식을 보호해 주고 성장시켜주는 것이 부모이기 때문에 건강하게 학업에 최선을 다하는 것이 부모를 기쁘게 하는 것이다. 성인이 되면 가정을 갖게 되는데 가정을 가지면 자식의 도리와 부부의 도리, 자식을 두면 부모의 도리가 생기는 것이다. 다시 말해 자식의 도리와 부부의 도리와 부모의 도리란 3대 도리가 있다는 것을 잊어서는 안될 것이다. 어떤 도리는 해도 되고 안 해도 되는 게 아니라 모두 해야 하는 도리이다. 그 도리를 못하는 사람은 사람이라 할 수 없을 것이다. 가정에서 사람의 도리를 하는 사람 되게 하는 교육이 인성교육이다. 자식의 도리는 부모가 수명을 다 할 때까지 해야 하는 도리이고 부부의 도리 역시 사는 날까지 해야 하는 도리이며 부모의 도리는 자식이 성인이 되어 가정을 가질 때까지 해야 하는 도리이다.

국민으로서의 도리(의무)

헌법에 규정한 국민의 의무로 교육의 의무, 근로의 의무, 납세의 의무, 국방의 의무의 4대 의무가 있다. 국민이라면 이 네가지 의무를 다해야 한다. 의무를 고의적으로 이행하지 않는 사람은 국민의 자격이 없는 것이다. 내 개인 생각 같아서는 결혼을 의무화 한다면 인구문제에 도움이 되지 않을까 생각해 보았다. 국가라는 공동체가 유지되고 발전해 가기 위해서는 공익심과 국가관이 있어야 하는 것이다. 최고의 도덕성과 윤리가 공익성이고 국가관 애국심이다.

위의 도리를 하게 하는 교육이 인성교육이다. 불량한 국가로부터의 침략위협에서 벗어나 가정을 지켜주는 것은 나 자신이나 가족이 아니라 나라(국가)이기 때문에 국가에 대한 의무와 국민으로서의 의무, 국가의 윤리 도덕을 지켜야 하는 것이다.

세계인의 도리(道理)

21세기를 세계화 시대라고 한다.

세계가 공동체 생활권 시대로 들어왔기 때문에 세계인의 도리를 해야 하는 것이다. 우리민족이 세계 여러 나라에 800여만명이 나가 살고 있으며 우리나라에서 사는 외국인이 100만이넘는다. 이렇게 민족이나 국가를 초월해 살아가는 시대에 적응하고 더불어 살아가기 위해서는 국가와 민족을 초월해야 하고종교와 사상을 초월해야 하는 것이다. 국수주의 사상이나 편협

한 사상을 가지고는 글로벌 시대에 살 수 없는 것이다. 모든 생명에 대한 존엄사상인 평등사상, 개인이 아닌 다수 공공을 위한 공익 사상, 인종과 종교를 초월한 인류애 사상은 평화관 사상, 이러한 사상을 실천하는 생활이야말로 세계인이 지켜야 할 도리이다.

성공 가이드
이상 교육론

　우리 사회는 함께 사는 공동사회이다. 공동사회의 일원으로서 공동사회 속에서 경쟁은 당연한 것이다. 우리는 경쟁 속에서 성공하길 바란다. 일반적으로 성공하면 행복해 질 수 있다고 생각하기 때문에 성공하려고 하는 것이다.

　성공하려면 목표를 세워놓고 노력을 해서 목표를 달성하면 성공했다는 말을 할 수 있을 것이다. 예컨대 사업하는 사람의 성공은 기업을 만들어 발전시켜 나가면 일단 성공이라고 말할 수 있을 것이다. 그러나 목표는 자꾸 커지기 때문에 어느 기준까지의 성공은 이룰 수 있으나 영원한 성공은 어려운 것이다. 그러므로 목표를 세울 때 목적이 분명해야 하는 것이다. 과욕은 금해야 할 것이다.

　일반적으로 생에 성공한 사람이란 가정을 가지고 있으면서 가족과 함께 경제적 부를 누리면서 좋은 일을 많이 해서 존경을 받으면서 사는 사람은 성공한 사람이라고 말할 수 있을 것이다. 행복하기 위해 성공을 하려고 하기 때문에 한비자에 나오는 성공의 도를 소개 하고자 한다.

혁(革)·해(解)·용(用)·법(法)·술(術)·리(理)·세(勢)의 7가지 방법

첫째, 혁(革). 일을 추진해 감에 있어 대담성이 중요하다. 대담성 도전정신이 필요하다고 하는 것이다. 환경을 탓하지 말고 환경을 극복하는 도전정신이 있어야 성공 할 수 있다. 미국의 철강대왕 카네기는 어려운 가정에서 태어나서 철강대왕이란 자리까지 올라갔다. 성공의 원동력은 가난이라고 했다. 가난에서 벗어나기 위해 살가죽을 벗기는 것과 같은 고통을 극복하고 성공한 것이다.

둘째, 해(解). 환경을 탓하는 사람은 졸부이다.
사람과 동물과의 차이가 무엇이겠는가. 여러 가지 면에서 차이가 있을 수 있겠으나 크게 다른 점이 있다면 동물은 살기 좋은 자연환경을 따라다니면서 살고 환경에 적응을 못하면 죽는 것이다. 그러나 사람은 환경을 만들어 가면서 사는 것이 사람이다. 사람이 환경을 극복하지 못했더라면 지구상에서 사라졌을 것이다. 논했듯이 환경을 만드는 지혜를 가져라.

셋째, 용(用). 억센 말 고삐를 조이지 말고 따르게 하라는 말인데 성공하고 싶고 지도자가 되고자 한다면 상대의 마음을 사도록 따라오도록 하라고 하는 것이다. 억지로 하려고 하지 말라는 뜻이다. 공부도 하기 싫을 때는 하지 말고 하고 싶을 때 해야 잘 되는 것이다.

넷째, 법(法). 원칙을 세워놓고 사랑으로 진실하라. 진실한 사람이 되라. 인간관계에 있어서 진실해야 믿음이 생기고 믿음이 생겨야 신뢰와 사랑이 생기고 사랑이 있는 곳에 행복이 있을 것이다.

다섯째, 술(術). 자기를 버려라. 말은 적게하고 많이 들으라. 이청득심(以聽得心) 성공하기 위해서는 자기와의 싸움이다. 세워놓은 목표와 자기와의 싸움에서 자기를 버려야 성공할 수 있다.

여섯째, 리(理). 계획을 세워 놓고 공부를 하라. 설계도 없이 집을 지을 수 없듯이 인생설계도 해야 할 것이다.

일곱째, 세(勢). 친구를 잘 사귀라. 친구가 중요하다.

파리를 따라가면 쓰레기장으로 가고 나비를 따라가면 꽃밭으로 가는 것이다. 학창시절의 제1의 친구는 책이다. 책을 가까이 하면 성공의 길로 가고, 잡기를 즐기는 길은 실패와 패망의 길이다.

책을 제일 가까이 하고 친구는 다음으로 하라. 직장에서는 동료, 친구를 제일로 하라. 인간관계가 성공의 열쇠이다.

목표를
세워놓고 살자

　미국 16대 대통령 아브라함 링컨은 가난한 가정에 태어나 학교는 6개월 밖에 못 다녔다. 그러나 성공을 해야 하겠다는 목표를 세워놓고 노력을 했다. 가난한 가정에 태어난 한 소년이 대통령이 되었다. 그 과정을 요약하면 22세에 사업에 실패를 하고 23세에 주의원 낙선. 24세 다시 사업에 실패, 26세에 사랑하는 아내를 잃었고 29세에 선거에서 낙선, 31세에 대통령 선거에 출마해 낙선, 34세에 국회의원 낙선 등 11번의 실패의 쓴 맛을 보고 51세에 대통령에 당선되었다.

　대통령이 되려고 한 것은 부귀영화를 누리기 위해서가 아니라 노예해방을 위해서란 대의명분을 위해서였다. 7전8기가 아니라 11번의 실패를 딛고 일어난 위대한 대통령이 된 것이다. 언급했듯이 노예해방을 위해 대통령이 된 사람이다. 환경의 지배를 받지 않고 환경을 극복하는 노력을 하고, 목표를 세워놓고 반드시 성공하겠다는 불굴의 의지로 이룩해낸 것이다.

어떤 가정에서 일어났던 실화

가장(아버지)은 사업에 실패를 하고 술주정꾼이 되었다. 부인을 학대하고 두 아들을 때리고 술주정을 하는 가정에서 성장을 한 형은 망나니 아버지와 같이 되고, 반면에 동생은 성공을 했다. 성인이 된 그들에게 기자가 물었다.

형에게 "당신은 왜 이렇게 술주정꾼이 되었느냐"고 하니까 대답하길 "술주정꾼 아버지 밑에서 무엇을 배웠겠느냐"고 아버질 탓하는 것 아닌가.

그런데 동생에게 "당신은 어떻게 그 어려운 환경에서 성공을 했느냐"고 하니 그는 말하길 아버질 보면서 자기는 절대 아버지 같이 안 살겠다. 내가 가정을 가지고 자식을 둔다면 절대 불행하게 하지 않겠다는 각오를 가지고 노력을 해서 성공을 했다고 한다. 같은 환경이지만 한 사람은 불행해지고 한 사람은 성공을 했다. 우리는 환경을 탓할게 아니라 극복을 할 줄 아는 현명한 사람이 되어야 할 것이다.

아브라함 링컨이나 두 형제 같이 목적을 세우고 노력하는 사람은 성공하고 환경 탓만 하는 사람은 실패한다는 교훈이 아니겠는가.

현대과학의 성과로 본
사후 세계(영계)

인간을 위시한 모든 생물들이 살고 있는 우주는 파동성과 입자성을 띠고 응결·응고된 거대한 에너지가 함축되어있다. 살아있는 생명력이 있는 에너지, 곧 우주의 에너지라고 하는 것은 이미 말 한 바 있다. 이런 에너지 결집은 영혼 불멸의 인간 사후세계인 영혼 세계의 존재가 현대과학의 성과로 입증이 되고 있다.

물질 우주와 초 물질 우주

물질 우주와 양자, 전자, 중성자가 물질 우주를 구성하는 기본 입자로 되어 있듯이 초 물질의 반 입자인 반 양자 반 중성자 양전자의 존재가 확인됨에 따라 반 물질은 정신 에너지의 결집으로 우주를 형성하는 기본 반 입자라는 것이 입증 되었다. 인간이 살고 있는 물질 우주에 상응하는 초 물질의 정신 에너지의 결집은 우주가 물질적 우주와는 별도로 존재하면서 물질 우주와 상대성을 띄고 존재한다는 것이 현대과학 이론인 물리학적인 순수 물리학의 성과로 입증되고 있는 것이 현대과학의 성과라고 말할 수 있다.

 초 물질 우주를 형성한다는 반 물질의 반 입자들이 물질 입자와 짝을 지어 존재 한다는 것이 1956년 까지 확인되었다.

 반 물질의 반 입자 작용은 시간과 공간의 구애를 받지 않고 작용한다는 이론은 영국의 이론 물리학자 디랙(Dirac pal Haurien Maurice 1933년 노벨상수상)이 자신의 양자 역학의 이론에 아인슈타인의 상대성 원리를 조화시키려고 노력한 결과에서 거두어진 성과라 할 수 있다.

 디랙이 말하는 반 입자라고 하는 것은 진공 속에 가득 차 있는 에너지를 말하는 것이다. 반 물질 우주론은 1956년 이후부터 나타난 초 물질 우주이론이다.

 물질 에너지로 되어 있는 물질 입자와 초물질 에너지인 반 입자를 충돌시킨 결과는 전 질량이 모두 에너지로 변하면서 그 폭발력은 같은 양 원폭의 1,000배 이상의 에너지가 발생된다는 것이 확인되었다. 이렇게 볼 때 물질 에너지로 되어 있는 물질 입자보다 초물질 에너지인 반 입자의 에너지가 더 강력하다.

 우리는 여기에서 중요한 내용을 깨달아야 할 것이다. 물질입자와 초물질 반입자를 충돌시키면 양의 1,000배 이상의 에너지가 발생한다는 사실은 우리의 몸의 에너지와 정신의 에너지를 합치면 육체가 가지고 있는 힘의 1,000배 이상의 힘을 발산시킬 수 있다는 말이 아니겠는가. 고차원의 에너지라는 것이 입증되었다.

그러므로 정신 에너지를 물질 에너지 체로 구성된 몸에 몰입시킨다면 놀라운 지혜가 생기고 암기력이나 초능력자가 될 수 있다는 점을 알아야 할 것이다.

현대과학이 밝힌 바에 의하면 물질 우주와 상대성을 띠고 존재하는 비물질 우주가 존재한다고 하는 것이다. 초 물질 우주를 사후세계 영혼들이 사는 세계 영계라고 말 할 수 있다.

제6장

한민족의 비전

21세기
한반도 문명시대

　인류문명 발생의 기원은 4대 문명에서 더 거슬러 올라간다. 내몽고와 요하 중상류 일대의 요하문명(홍산문명)으로 추정된다. 이곳에서 황하 문명, 인더스 문명, 메소포타미아 문명, 이집트 문명으로 확산되어 갔다고 본다. 이는 다시 그리스-로마 문명으로 이어져 서양의 기독교 문명을 탄생시켜 중세, 근대에 이어 오늘에 이르고 있다. 많은 세계적인 석학들은 앞으로의 인류 문명의 중심축이 동아시아 그중에서도 한반도로 옮겨질 것이라고 예언하고 있다. 즉 동북아시아에서 시작하여 서진을 거듭, 인도-중동-지중해-유럽-아메리카 대륙으로 이어졌고 다시 동진하여 태평양을 건너 일본을 거쳐 동북아시아로 회귀하는 순서로 이어지고 있다는 것이다. 인류문명의 축이 지구 한 바퀴를 돌아서 다시 제자리로 돌아 온다는 것이다. 그 증거로 현 국제정세를 보면 한반도를 중심으로 미국, 중국, 러시아, 일본 등 4대 강대국의 이해관계가 첨예하게 부딪히고 있는 형국이다. 4대 강대국의 교역규모는 한국을 포함해 전 세계의 1/3

이나 된다. 북한 핵 문제는 동북아뿐만 아니라 전 세계의 이목을 집중시키고 있다. 전 세계의 안전과 평화와 번영의 문제가 달려있기 있기 때문이다.

세계 문명 이동사를 살펴보면 홍산문명과 4대 문명의 대륙문명시대는 농경문화와 목축 문명시대라 할 수 있고 그리스-로마문명에 이어 지중해와 이베리아 반도 문명, 영국 도서 문명시대는 해양을 이용한 상업과 공업이 발달하게 되는 산업 문명시대로 전환하는 시기라 할 수 있다. 영국 도서 문명시대는 산업혁명을 일으켜 급속한 산업화를 이루었고 대서양을 건너 신대륙 미국 대륙 문명시대로 이어져 2차 산업혁명, 3차 산업혁명을 거쳐 오늘날 4차 산업혁명의 시대로 이어졌으며 첨단과학기술을 바탕으로 경제력과 외교 군사력을 가지고 세계를 지도해 온 힘의 문명의 시대를 열고 있다고 할 수 있다.

지중해, 대서양을 건너 미국 신대륙 문명을 꽃피우고 태평양으로 이어지자 일본은 미국과 유럽의 문명을 재빠르게 흡수하여 공업화와 군사 대국화에 성공하고 전쟁을 일으켜 아시아 각국을 침략하는 만용을 저지르고 실패했다. 미국에 의해 패망했지만 오히려 미국의 도움으로 2차 산업혁명의 꽃인 전자공업을 주도하며 세계시장을 장악, 경제대국이 되었다. 그러나 일본은 자만에 빠져 전범국이라는 오명을 스스로 씻지못하는 바람에 인류의 지탄을 받고 결국 한반도 문명 시대를 열어주는 징검다리 역할에 만족하게 될 것이다.

한반도 문명시대는 운명적이다. 일본의 가혹한 35년 지배를 받아온 나라, 해방과 동시에 분단이 되고 6·25 사변을 통해 초토화 된 나라, 세계에서 가장 가난한 나라가 공산주의 북한의 도전을 받으면서도 산업화, 근대화를 이루는 '한강의 기적'을 일으켜 전세계의 성공모델이 되었다. 그뿐 아니다. 공산주의와 자유민주주의 첨예한 대립으로 72년 뮌헨, 76년 몬트리올 대회의 잇단 테러사건, 80년 모스크바, 84년 미국 LA 올림픽에서는 양쪽 진영간 서로 대회를 보이콧하여 불참하는 절름발이 반쪽의 '인류의 대제전' 올림픽 대회를 12년 만에 함께 치르며 역사상 최다국가가 참여하는 88서울올림픽을 성공시켰다. 서울에서 피어오른 평화의 함성과 화합의 성화는 전세계로 퍼져나가 바로 1년 뒤 폴란드를 위시해 소련 위성국가의 붕괴 도미노를 촉발시켰고, 베를린 장벽이 철거되었으며, 2년 뒤 독일의 통일, 3년뒤 소련의 붕괴가 이어지는 등 공산주의가 종언을 고하고 냉전시대가 종식되는 계기를 만든 것이다.

대한민국은 이처럼 세계가 분열과 대립의 시대를 끝내고 평화 시대를 열어가는데 중요한 역할을 하였다. 인구 5천만명 이고 GDP 2~3만달러 이상의 시대에 진입하는 5번째, 6번째 국가로 당당히 이름을 올리며 선진 G20 정상회의 주최국이 되었으며 전체 경제규모면에서도 10위권의 선진국의 반열에 올라섰다. 그런가 하면 민주주의를 발전시켜 독재 정권을 학생과 시민의 힘으로 교체하는 성숙한 민주주의 역량을 보여주어 제2차 세계대전 이후 탄생한 독립국 가운데 민주화와 산업화를 동시에 이룬 유일한 국가라는 찬사를 받은 것이다.

이런 영예는 인류 최초의 문명을 선도한 이래 수백 차례의 외침을 이겨내면서도 고유의 전통과 문화, 홍익인간 제세이화의 정신문명을 계승, 발전시켜 온 천손 의식과 불굴의 민족정신이 바탕이 되었기 때문이다. 이제 새로운 세계 평화와 인류공영의 시대를 열어갈 주역으로서 역할을 해야 하는 천운의 시기가 온 것이다.다시 말해 한반도 문명시대가 열리고 있다. 그 시기는 1차로 100년이 될 것이며, 해방 후 100년인 2045년 안에 통일을 하고 문화와 산업의 대국이 된다면 21세기 이후 시대는 일찍이 타고르가 찬양하였던 통일된 대한민국이 전세계를 선도해 가며 영원히 찬란한 빛을 발하는 '동방의 등불' 코리아가 될 것이다.

역사시대 이후 문명국가들은 전쟁을 통해 힘으로 세상과 약소국을 지배해 왔으나 21세기부터는 오늘날 많은 세계 석학들이 예언을 하고 있듯이 대한민국이 인류 정신문화의 중심이며 진리의 조국이 될 것이다. 대한민국은 인간과 자연이 공존하는 만물의 이치와 진리를 가르치고 인성과 지성, 덕성을 심어주는 전인적인 사람(인격자)을 교육하는 나라, 인류의 등불 코리아가 될 것이다. 이렇게 되면 세계의 모든 문화를 하나로 녹이는 중심 국가가 되고, 모든 사람들이 찾아오고 싶어 하는 꿈의 관광대국이 될 것이다.

이해를 돕기 위해 세계 각국 석학들의 증언을 요약해 보기로 하겠다.

미래학자 허만 칸 교수, 역사학자 아놀드 토인비, 프란츠 셔면, 노벨상 '25시' 작가 게오르규 신부, 역시 노벨상 시인 시라크 타골 등은 한결같이 한국에서 새로운 정신문명이 시작 될 것이라고 극찬을 했다. 세계 경제 10위권인 대한민국을 두고 한 말이 아니라 암울했던 시대에 예언한 것이기 때문에 더 큰 의미가 있다. 이렇게 미래를 보는 석학들의 증언은 우리에게 큰 희망을 주고 사명감을 깨닫게 하고 있다.

 작은 국토에 자원도 부족한 우리가 어디에서 희망을 찾아야 하는가. 정치, 경제, 사회, 문화, 종교 교육 등 우리는 각 분야에서 낡은 구태를 변화시키고 혁신하여 새로운 문화와 콘텐츠를 제시해야 할 것이다. 필자는 오늘날 물질주의에 매몰되어 점점 타락해가는 인성을 회복하기 위해 인성능력 계발 육성론을 일찍부터 주장하였으며 이를 통해 21세기의 한민족 비전을 제시하고자 한다. 인성개발교육을 통해 미래를 짊어지고 나갈 우리 청소년들에게 새로운 비전을 심어주고 꿈을 키워 나가도록 교육을 해야 할 것이다. 특히 본서에서 밝힌 '부모보다 나은 자녀 낳는 방법' 이론은 21세기를 만들어 갈 신인류 탄생의 진리라고 말하고 싶다. 모든 이들이 잘 깨달아 받아들인다면 대한민국의 인성교육 이념과 진리는 진정한 동방의 등불이 될 것이다.

문명의 발생과
이동으로 본 세계사

대항해 시대를 연 이베리아반도

아시아에서 발원한 인류문명이 인도와 중동, 유럽을 개화시키고 대서양을 넘어 아메리카 신대륙 문명으로 옮겨지게 된 데는 유럽의 끝 이베리아 반도 해양문명이 있었기 때문에 가능했다. 콜럼버스의 신대륙발견은 유럽이 중세 암흑기 신 중심의 사회에서 인간 중심의 사회로 넘어오는 르네상스의 영향을 입은바가 크다. 이베리아 반도의 두 국가 스페인과 포르투갈의 해양문명이 전 유럽을 호령하고 신대륙으로 진출하는 대항해 시대를 연 것이다.

당시 이베리아 반도를 차지하고 기독교를 믿었던 서고트 족은 카스티야, 아라곤, 나바르, 포르투갈로 나뉘어졌다. 이렇게 4개 왕국으로 분리됨으로 국력이 쇠약해진데다 이슬람 세력의 침략을 받아 이베리아 반도의 땅을 거의 다 잃어버리고 작은 나라들로 축소가 되었다. 그중 세력이 컸던 카스티야는 투안 2

세의 딸 이사벨이 강한 나라를 만들기 위해 아라곤의 페르난도 왕자와 비밀리에 정략결혼을 하고 힘을 빌려 왕위에 올라 6년 만에 아라곤까지 통합하여 에스파냐를 만들었다. 그는 이베리아 반도에 수백년 뿌리박혀 있던 비기독교 세력을 잔인하게 몰아냈다. 이슬람교도는 사정없이 몰살당하였고 유대인들을 추방했다. 그 결과 로마 교황청으로부터 강력한 가톨릭 국가로 인정을 받게 되었다.

 이사벨 1세는 안정된 왕권을 바탕으로 무역 사업을 하게 되었다. 때마침 콜럼버스는 포르투갈의 왕으로부터 물산이 풍부한 인도 항로 탐험대 지원을 거절당하고 오갈 데 없는 신세가 되었다. 이사벨 1세는 선박 22척과 선원 모집을 도와주었으며 그 조건으로 무역의 독점권을 갖게 되었다. 콜럼버스는 발전된 항해술을 기반으로 이슬람 세력권을 피해 아프리카로의 먼 뱃길을 돌아가면 인도로 갈 수 있다고 보고 항해를 시작하였으나 인도 대신 신대륙을 발견했다. 세계 역사의 새로운 장을 연 것이다. 그러나 콜럼버스는 첫 발을 내딛은 쿠바와 바하마 도서의 일부들을 인도의 서쪽이라고 착각하고 서인도 제도라고 명명하였고, 다시 뱃길을 남 아메리카 끝을 돌아 수만리 태평양을 가로질러 필리핀까지 도달하였으나 다시 돌아가지 못한 채 풍토병으로 생을 마감하고 말았다. 이후 스페인의 탐험가 아메리고 베스풋치가 다시 신대륙에 상륙하여 인도가 아닌 새로운 대륙으로 '아메리카'로 명명되었으며 이후 종교의 자유를 찾아 수많은 유럽의 청교도, 개신교 이주민들의 개척시대가 시작되었다. 그러나 이들에게는 풍요하고 자유로운 신천지가 되었지만 아메리카 전역에 수백, 수천년 전부터 거주해오던 토착 인디언들은 엄청난 약탈과 살육이 자행되는 피의 역사로 얼룩지게 되는 비극의 역사가 펼쳐지게 되었다.

신대륙 발견을 촉발시켰던 이사벨 여왕은 현명하고 영악한 여인이라 할 수 있다. 이사벨의 대담한 결정으로 이루어진 신대륙 발견과 대항해와 해상교역 활동은 유럽 여러 나라들을 부추겨 식민지 개발에 열을 올리게 했다. 이사벨 1세의 뒤를 이은 아들 칼 1세는 에스파냐, 오스트리아, 네덜란드, 헝가리, 이탈리아 등 전 유럽의 1/3 이상을 차지 20세기 초까지 존속된 유럽 최고의 왕가인 합스부르크가를 열었다. 또한 이사벨 1세의 막내 딸 캐서린은 헨리 8세에게 시집 가 이혼 문제로 영국의 국교회를 성립시키는 계기가 되기도 했다. 이사벨 1세는 이베리아 반도 문명의 꽃을 피운 여인이라 할수 있다.

영국의 섬 문명

아시아에서 인도, 중동으로 이어진 인류문명은 이베리아 반도 대항시대를 열고 이를 계승한 영국 섬 문명 시대가 열리게 된다.

영국의 섬 문명은 엘리자베스 1세로부터 시작되었다고 할수 있다. 아버지에게 버림받은 공주, 사적으로 가장 불운한 한 여인이었다. 여자로 태어났기 때문이었다. 아버지인 영국의 왕

헨리 8세는 정부 앤불린이 임신을 하자 아들을 낳으면 후계자로 세우기 위해 스페인 공주 캐서린과 이혼을 하고 앤블린과 결혼을 했다.

그 결과 로마의 교황은 헨리 8세를 파문하고 영국은 로마-카톨릭과 결별하게 된 것이다. 이로서 카톨릭 신교인 성공회를 중심한 영국의 도서 문명시대가 시작된 것이다. 그러나 앤블린이 딸을 낳자 변심한 헨리 8세는 앤블린이 왕비가 된지 3년만에 간통죄로 몰아 도끼로 목을 쳐 죽였다.

3살 난 딸 엘리자베스는 아버지와 어머니가 이혼을 하므로 졸지에 서출이 되었다. 어린 시절은 불행한 소녀였다. 그러나 영국의 왕이 된 엘리자베스 1세는 결혼하지 않고 영국을 강한 나라로 만들었으며 무적함대라 일컬었던 스페인의 무적함대를 해전에서 물리치고 유럽의 해상권을 차지하게 되었다. 이 시기에 많은 문호들이 등장하는 등 영국의 문화의 부흥기를 맞이하게 된 것이다. 인도와도 안 바꾼다는 셰익스피어도 이 시대 사람이다. 이처럼 엘리자베스 1세는 영국을 번영으로 이끌었다. 19세기 영국은 대서양, 태평양, 인도양, 아프리카, 아메리카 곳곳에 식민지를 개척하여 '해가 지지 않는 나라'로 불렸다. 빅토리아 여왕이 통치하던 64년은 영국의 최전성기였다. 영국의 전통이 확립되고 경제적으로는 산업혁명을 최초로 일으켜 세계에서 가장 부유한 나라가 되었다. 정치적으로는 복수 정당제의 의회민주주의가 정착이 되었다. 영국의 도서 문명시대에서 미대륙 문명시대로 20세기의 신문명 시대가 열린 것이다.

아메리카 대륙 문명 시대

영국의 청교도들은 신앙의 자유와 신분의 차별이 없는 사회 자유와 인권이 보장된 번영의 신국가를 만들기 위해 청교도 35명 미신자 67명 총 102명이 1629년 9월 6일 메이플라워호를 타고 영국을 출발해서 66일의 항해를 거쳐 1620년 11월 11일 신대륙 현재 케이프코드 해안에 도착 함으로서 미국의 역사가 시작된 것이다. 해안에 도착 후 인근 지역을 탐사해서 12월 21일에 보스톤에서 60km 떨어진 플리머스록 해안에 정착촌을 건설한 것이다. 이렇게 정착한 청교도들은 원주민이 가지고 있던 땅을 빼앗고 원주민과 흑인들을 노예로 만들어 수출을 했던 것이다.

흑인은 사람이 아니라 동물 취급을 했던 것이다. 청교도 35명에 의해 시작된 미국은 영국을 비롯해 네덜란드, 벨기에, 독일 등 세계인들의 이민으로 이루어진 다민족이 연방국가를 건설하게 된 것이다. 미국은 개척으로부터 400년 만에 세계가 부러워하는 나라를 만든 것이다.

미국은 민주주의 산실로 경제적으로나 군사적으로 세계를 평정했다고 해도 과한 표현은 아닐 것이다. 독재와 군주사회를 무너뜨리고 민주주의 세계를 만든 나라 20세기의 문명의 꽃을 피운 나라 미국이다.

결론적으로 오늘의 미국은 기독교 사상의 뿌리가 된 것이다. 문명의 이동사로 볼 때 기독교 사상으로 20세기 문명의 꽃을 피운 미국은 마치 로마의 찬란한 문명이 성 도덕의 타락으로 몰락했듯이 미국의 찬란한 20세기 문명이 로마의 전철을 밟는다면 망할 것이다. 미 대륙문명 시대에서 일본 도서문명시대의 문을 연 것이다.

일본의 섬문명 시대

선진문명을 받아들인 일본은 전자산업과 군수산업을 발전시켜서 군사대국으로 우리나라를 비롯해 중국, 필리핀, 러시아, 미국까지 침략을 하고 세계정복의 야욕을 드러냈으나 하와이 진주만 공습에 의한 미국과의 전쟁은 히로시마와 나가사키 원자폭탄 공격에 의해 패망했다. 그러나 종전 이후 미국의 지원에 의해 전쟁 패전국 일본은 전자산업 육성으로 경제 대국이 된것이다. 그러나 일본의 도서문명의 시대는 전범국가란 오명을 남기고 이제 한반도 문명의 시대가 열리게 된 것이다.

인류문명은 한반도로

앞에서 논한바와 같이 대륙에서 시작된 인류문명이 이베리아 반도 문명시대를 지나 영국의 도서 문명시대를 거쳐 미대륙 문명시대가 20세기 인류문명의 중심에서 역할을 해 왔다.

미대륙 문명시대에서 일본 도서 문명시대로 인류 문명권이 넘어가게 된 것이다. 일본은 시대의 운을 맞아 유럽의 신기계 문명을 받아들이고 군수산업을 발전시켜 세계 2차대전을 일으키고 한국을 비롯 중국, 러시아를 침략했으나 원폭에 의해 일 왕이 항복을 함으로 우리나라는 해방을 하게 된 것이다.

우리나라는 4300년의 역사를 가진 민족, 그러나 900여회의 외침을 받은 민족 4년에 한번꼴로 외침을 받고 전쟁을 하면서 처절하게 살아온 민족 약자의 한, 가난의 한을 가슴에 안고 살아온 우리 민족이 일본으로부터 해방됨으로 일본 도서 문명시대에서 한반도 문명시대가 도래 한 것이다.

한반도 문명시대는 도래했으나 해결해야 할 난제가 있다. 바로 분단민족의 통일이다. 분단 문제만 평화적으로 해결한다면 한반도 문명시대는 꽃을 피울 것이다. 한반도 문명시대는 세계 문명을 선도해 갈 것이며 20세기 문명이 물질문명시대였다면 21세기 한반도 문명은 세계 석학들이 예견했듯이 정신문명시대가 될 것이다.

물질문명시대는 자본과 기술과 힘으로 세계를 지배하려 했으나 한반도 문명시대는 인간을 새롭게 교육해내는 절대가치관 인성교육 이념과 방법이 될 것이다. 부모보다 나은 자녀 낳는 방법과 올바른 인간과 행복한 가정과 인류평화를 만들어갈 진리 인성교육 이념, 진리가 21세기 인류 문명의 결실을 맺을 것이다.

참된 삶을 위한 여덟 가지 가르침

하늘의 법도는 오직 하나요 그 문은 둘이 아니니라. 너희들이 오직 순수한 정성으로 다져진 一心을 가져야 하느님(상제님)을 뵐 수 있느니라.

하늘의 법도는 항상 하나이며 사람의 마음은 똑같으니라. 자기의 마음을 미루어 잘 융화하면 이는 하늘의 법도에 일치하는 것이니 이로써 만방을 다스릴 수 있게 되리라.

너를 낳으신 분은 부모요 부모는 하늘에서 내려 오셨으니 오직 너희 부모를 잘 공경하여야 능히 하느님(상제님)을 공경할 수 있느니라. 이러한 정신이 온 나라에 퍼져 나가면 충효가 되나니 너희가 이러한 도를 몸으로 잘 익히면 하늘이 무너져도 반드시 먼저 벗어나 살 수 있느니라.

짐승도 짝이 있고 헌신도 짝이 있는 법이니라. 너희 남녀는 잘 조화하여 원망하지 말고 질투하지 말고 음행하지 말지어다.

너희는 열손가락을 깨물어보라. 그 아픔에 차이가 없느니라. 그러므로 서로 사랑하여 헐뜯지 말며 서로 돕고 해치지 말아야 집안과 나라가 번영하리라.

너희는 소와 말을 보아라. 오히려 먹이를 나누어 먹나니 너희는 서로 양보하여 빼앗지 말며 함께 일하고 도적질 하지 않아야 나라와 집안이 번영하리라.

너희는 저 호랑이를 보아라. 강폭하고 신령하지 못하여 재앙을 일으키느니라. 너희는 사납고 성급히 행하여 성품을 해하지 말고 남을 해치지 말며, 하늘의 법도를 항상 준수하여 능히 만물을 사랑하여라. 너희는 위태로운 사람을 붙잡아 주고 약한 사람을 능멸하지 말 것이며 불쌍한 사람을 도와주고 비천한 사람을 업신여기기 말지어라. 너희가 이러한 원칙을 어기면 영원히 신의 도움을 얻지 못하여 몸과 집안이 함께 망하리라.

　너희가 서로 충돌하여 논밭에 불내면 곡식이 다 타서 없어져 신과 사람이 노하게 되리라. 너희가 아무리 두텁게 싸고 덮는다 해도 그 냄새는 반드시 새어 나오게 되느니라. 너희는 타고난 본성을 간직하여 사특한 생각을 품지말고 악을 숨기지 말며 남을 해치려는 마음을 지니지 말지어다. 하늘을 공경하고 백성을 사랑하여야 너희들의 복록이 무궁하리라.

글을 마치면서

책을 출간하게 된 동기와 유전자가 가지고 있는 비밀을 밝히고 부모보다 나은 자녀 낳는 방법을 다시한번 강조하는 것으로 마치고자 한다.

정상적인 남성이 사랑을 할 때 나오는 정액속에서 2억의 정자가 나온다고 한다. 2억중 하나가 난자를 만나 수정이 되면 한 생명, 자식이 탄생한다. 본 저자는 30년 목회를 하고 정년 후 사회운동, 통일운동과 사회교육을 하면서 수 많은 사람을 만나 자녀문제로 고민하고 고통 당하는 사람들을 많이 보았다. 그럴때마다 부모보다 나은 자녀를 낳을 수 있는 방법은 없을까? 하는 문제를 놓고 고민을 하고 연구를 하게 된 것이다.

동·서양을 막론하고 역사 이래 현재까지 그리고 인류가 망하지 않는 한 영원히 자기보다 나은 자녀를 낳고 싶은 마음은 부모될 모든 사람들의 바램이다. 부모보다 나은 자녀를 낳을 수 있는 방법이 있다면 그 방법을 외면 할 사람은 아무도 없을 것이다. 그러나 사람은 자식을 마음대로 낳을 수 있다고 생각하는 사람은 아무도 없을 것이다.

인간의 영역이 아니다. 신의 영역이라고 생각하기 때문이다. 그

러나 방법이 있다고 하면 정상인이라고 생각하기 어려울 것이다. 무슨 물건이냐? 마음대로 만들게 라고 할 것이다. 그러나 본 저자는 그 방법을 발견했기에 내 놓은 것이다.

이는 필자의 생각이라기보다 하나님의 계시라는 생각이 든다. 하나님께서 모든 부모 될 인류에게 주신 선물이 분명하다. 필자가 제시한 대로 한다면 자녀 때문에 고민하고 고통당하는 부모는 없을 것이다. 이해를 돕기 위해 예를 들어 보기로 하겠다.

누구나 세상을 살면서 생활에 필요한 물건을 살 때 골라서 사지 않는 사람은 없을 것이다. 하나밖에 없을땐 고를 필요가 없겠지만 많은 중에서는 골라 산다는 것이 상식이고 평범한 진리다. 그렇다면 골라서 좋은 자식, 부모보다 나은 자녀를 낳을 수 있다면 누가 않고르겠는가?

기업이나 공무원도 시험을 보고 면접을 보는것, 필요한 사람을 고르는 것이다. 결혼도 배우자를 선별해서 고르는 것 아닌가? 필자는 자식을 골라서 좋은 자식을 낳아 훌륭하게 키울 수 있는 인성 교육론을 내놓게 된 것이다.

유전인자의 비밀

　부부가 사랑할 때 나오는 정액 속에는 2억의 정자가 나오는데 그 중 하나가 난자를 만나게 되면 수정이 되어 한 생명, 자식이 되는데 2억의 정자는 같은 것이 하나도 없다는 것이다. 2억이 다르기 때문에 2억중에 우성 좋은 유전자로 자식을 만들어어야 하지 않겠는가

　2억의 유전자 중에는 IQ, 성품, 능력, 건강, 외모, 등이 좋은 유전자도 있고 나쁜 유전자도 있다. 유전자 속에는 조상으로부터 내려오는 유전성이 조상의 DNA를 통해 내게 유전이 되어 그 유전자가 또 자녀에게 유전이 되는 것이다. 한번 사랑할 때 2억이 나온다면 1년간 부부생활을 한다면 200억 이상의 정자를 내보내는데 그중 하나를 가지고 자녀를 낳는다고 생각 해보자

　10년이나 20년 부부생활을 한다면 그 수가 얼마나 되겠는가 수로 헤아리기 어려울 것이다. 그런데 자식을 안낳으려고 하는 젊은이들은 생각을 바로 해야 할 것이다. 모든 생명체는 생존과 종족보존의 본능을 가지고 살아가기 때문에 오늘의 자연속에서 생명이 존재하는 것이다. 하물며 만물의 영장이란 사람이 자식을 안낳으려는 것은 자연계에 역행이며 가장 큰 죄라는 사실을 알아야 할 것이

다. 일생에 자식을 낳는 이상의 선행이나 효행은 없을 것이다.

자식을 낳는 일은 제2의 창조주가 되는 위대한 선행이고 도리다. 우리나라 출산율이 OECD 국가중 최하위라고 한다. 뿐만 아니라 나라의 존망이 신생아 출산에 있다는 점을 알아야 할 것이다. 자식 낳길 거부하는 사람은 사랑할 자격이 없는 사람이라고 하면 지나친 표현일까? 세상에 와서 자녀를 낳고 살다 죽는 그 이상의 삶의 가치는 없을 것이다. 결혼을 해서 골라서 자기보다 나은 자녀를 낳고 행복한 가정 되시길 바란다.

유전자 속에는 조상의 정보와 에너지가 들어있다. 정자는 조상의 정보, 뿐만아니라

모든 생명체의 정보와 물질이 가지고 있는 물질의 근본 정보와 에너지를 가지고 있는 것이 유전자이다.

참고문헌

저자	책이름	출판사	출판연도
박상필	NGO		
원저사주당	태교신기	한국학술정보	2010
박문일	태교는 과학이다	프리미엄북스	2013
최재인	21세기 인성교육	정신문화사	2000
국민성공시대	명강사 명강의	성공시대	2014
이창호 외 8인	인성 8덕목	빛나래	2018
이경숙	마음의 영행	정신세계사	1999
김천영	뇌 태교영서	청일인쇄	2008
구태훈	일본역사의 탐구	태학사	2002
강준만	미국역사 산책	인물과 사상사	2010
김정미	아름다운 여인들	눈과 마음	2005
이선종	유태인식 천재교육법		
오창희	과학과 종교	생능	1999
지그문트프로이트	정신분석 입문	민정사	1994
허선규	불교의 바른이해	동전사	1992
시키기와노리유키	새로운 양자물리학	전파과학사	1994
일월	기적을 만들어내는 부모의 힘	정환	2013
마르야마도시야끼	기란 무엇인가	정신세계사	1994

저자 진 수 철

저서
인성론, 통일론, 종교연합론, 이상국가론, 이상정치론 다수 저서

전 도경찰국 반공강사(충남 충북 경기도)
통일조국민족운동본부 총재
(사)겨레하나되기 이사
전 (사)북방문제연구소 연수원장
진리의조국 코리아 총재
통일복지신문사 사장
올바로 살기 운동본부 대표
인성교육연구소장

부모보다 나은 자녀 낳는 방법, 인성교육론

새생명
탄생의 비밀

지은이	진수철
펴낸이	정진이
편집장	김효은
편집/디자인	우정민 우민지
마케팅	정찬용 이성국
영업관리	한선희 최재희
책임편집	정구형
인쇄처	국학인쇄사
펴낸곳	국학자료원 새미(주)

등록일 2005 03 15 제251002005000008호

경기도 파주시 소라지로 228-2 (송촌동 579-4)

Tel 4424623 Fax 64993082

www.kookhak.co.kr

kookhak2001@hanmail.net

ISBN	979-11-89817-16-9 *03370
가격	13,600원

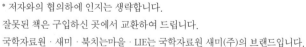

* 저자와의 협의하에 인지는 생략합니다.

잘못된 책은 구입하신 곳에서 교환하여 드립니다.

국학자료원 · 새미 · 북치는마을 · LIE는 국학자료원 새미(주)의 브랜드입니다.

* 이 도서의 국립중앙도서관 출판예정도서목록(CIP)은 서지정보유통지원시스템 홈페이지(http://seoji.nl.go.kr)와 국가자료공동목록시스템(http://www.nl.go.kr/kolisnet)에서 이용하실 수 있습니다.